职业教育电子商务专业改革创新教材

微店运营与管理

主　编　高昊宇

副主编　王　璐　李庆武

参　编　肖　进　贾联合　赵　东　陶乐琴

机械工业出版社

本书为"十四五"职业教育国家规划教材。

本书共有七个单元,从微店基础知识,微店的搭建与预览,微店商品、订单及客户管理等微店开店必备基础知识和搭建技能,到微店服务、微店统计与收入、微店营销与推广活动等微店建设后的经营管理与推广技巧,以及最后讲述除微店外的其他推广方式,由浅到深,让学生可以系统地学习到微店的开店与经营知识、技巧、方法等。同时,每个单元设有不同的学习目标,根据学习目标制订学习任务,有利于引导学生主动学习。

本书包含较多的实际操作步骤,清晰明了,具有很强的操作性,不仅能很好地激发学生的学习兴趣,还有利于学生更快地掌握知识,熟练技能操作,边操作边学习更容易掌握学习要点。

本书配有丰富的教学资源,可通过机械工业出版社教育服务网(www.cmpedu.com)或加入电子商务教师交流群(QQ 群号:832803236)免费下载资源;通过超星学习通平台建立的网上课程更使本书如虎添翼,辅助教师教学、引领学生自学。

本书适合作为职业学校电子商务专业、市场营销专业、电子信息专业、网络应用专业、信息管理专业、工商管理专业或相关专业的教材,也可供初级电子商务人员、网络营销人员、企业经理、营销管理人员培训学习使用。

图书在版编目(CIP)数据

微店运营与管理/高昊宇主编. —北京:机械工业出版社,2017.3(2024.8 重印)
"十三五"职业教育国家规划教材 职业教育电子商务专业改革创新教材
ISBN 978-7-111-56035-7

I. ①微… II. ①高… III. ①网络营销—职业教育—教材 IV. ①F713.365.2

中国版本图书馆 CIP 数据核字(2017)第 026963 号

机械工业出版社(北京市百万庄大街 22 号 邮政编码 100037)
策划编辑:宋 华 责任编辑:宋 华 王 慧 王莉娜
责任校对:马立婷 封面设计:马精明
责任印制:单爱军
北京虎彩文化传播有限公司印刷
2024 年 8 月第 1 版第 10 次印刷
184mm×260mm·9 印张·215 千字
标准书号:ISBN 978-7-111-56035-7
定价:35.00 元

电话服务 网络服务
服务咨询热线:010-88361066 机 工 官 网:www.cmpbook.com
010-88379833 机 工 官 博:weibo.com/cmp1952
010-68326294 金 书 网:www.golden-book.com
封底无防伪标均为盗版 机工教育服务网:www.cmpedu.com

关于"十四五"职业教育
国家规划教材的出版说明

为贯彻落实《中共中央关于认真学习宣传贯彻党的二十大精神的决定》《习近平新时代中国特色社会主义思想进课程教材指南》《职业院校教材管理办法》等文件精神，机械工业出版社与教材编写团队一道，认真执行思政内容进教材、进课堂、进头脑要求，尊重教育规律，遵循学科特点，对教材内容进行了更新，着力落实以下要求：

1. 提升教材铸魂育人功能，培育、践行社会主义核心价值观，教育引导学生树立共产主义远大理想和中国特色社会主义共同理想，坚定"四个自信"，厚植爱国主义情怀，把爱国情、强国志、报国行自觉融入建设社会主义现代化强国、实现中华民族伟大复兴的奋斗之中。同时，弘扬中华优秀传统文化，深入开展宪法法治教育。

2. 注重科学思维方法训练和科学伦理教育，培养学生探索未知、追求真理、勇攀科学高峰的责任感和使命感；强化学生工程伦理教育，培养学生精益求精的大国工匠精神，激发学生科技报国的家国情怀和使命担当。加快构建中国特色哲学社会科学学科体系、学术体系、话语体系。帮助学生了解相关专业和行业领域的国家战略、法律法规和相关政策，引导学生深入社会实践、关注现实问题，培育学生经世济民、诚信服务、德法兼修的职业素养。

3. 教育引导学生深刻理解并自觉实践各行业的职业精神、职业规范，增强职业责任感，培养遵纪守法、爱岗敬业、无私奉献、诚实守信、公道办事、开拓创新的职业品格和行为习惯。

在此基础上，及时更新教材知识内容，体现产业发展的新技术、新工艺、新规范、新标准。加强教材数字化建设，丰富配套资源，形成可听、可视、可练、可互动的融媒体教材。

教材建设需要各方的共同努力，也欢迎相关教材使用院校的师生及时反馈意见和建议，我们将认真组织力量进行研究，在后续重印及再版时吸纳改进，不断推动高质量教材出版。

机械工业出版社

本书配套混合式教学包的获取与使用

超星学习通
www.chaoxing.com

　　本教材配套数字资源已作为示范教学包上线超星学习通，教师可通过学习通获取本书配套的 PPT 电子课件、电子教案、在线测验、题库、作业包等。

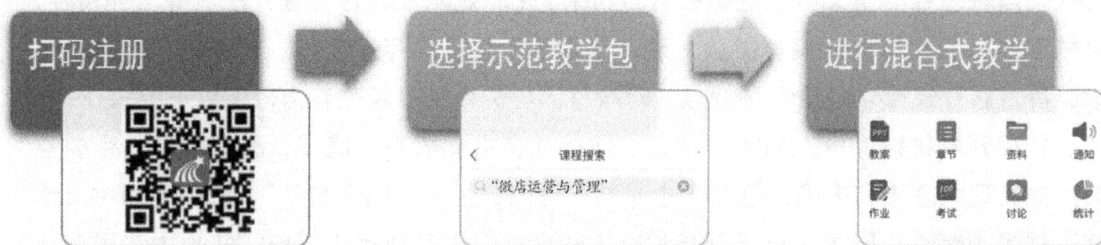

　　扫码下载学习通 APP，手机注册，单击"我"→"新建课程"→"用示范教学包建课"，搜索并选择"微店运营与管理"教学资源包，单击"建课"，即可进行线上线下混合式教学。

　　学生加入课程班级后，教师可以利用富媒体资源，配合本教材，进行线上线下混合式教学，贯穿课前课中课后的日常教学全流程。混合式教学资源包提供 PPT 课件、课程章节、在线测验和课堂讨论。

扫码学课程

PPT 课件　　　课程章节　　　课堂讨论　　　在线测验

前言 Preface

电子商务作为现代服务业中的重要产业，有"朝阳产业、绿色产业"之称，具有"三高""三新"的特点。"三高"即高人力资本含量、高技术含量和高附加价值；"三新"是指新技术、新业态、新方式。同时，我国出台了一系列电子商务政策和法规，来推动电子商务的快速发展，从而使得电子商务发展的内在动力持续增强，电子商务人才需求量逐步加大。需求人才主要有：网络营销推广专员、电子商务专员、网络运营经理、网络营销总监、网络营销经理、网络营销主管、网络营销专员、网站开发人员、网站策划、网页/网站设计师、网店美工、网络编辑、在线客服等。众多的岗位群带动了大量的岗位人才需求。

在教育部关于"培养具有综合职业能力，在生产、服务、技术和管理第一线工作的高素质劳动者和中初级专门人才"的培养目标指导下，基于社会对职业学校电子商务专业学生的基本要求和人才培养目标，编者在编写本书时注重理论和实操相结合，重点突出实操性教学，使学生可以根据操作步骤逐步掌握应用技能。

本书从目前主流的移动电商方式入手，着重对学生创新意识和创新能力的培养，以适应2035 年"高水平科技自立自强，进入创新型国家前列，建成科技强国"的国家战略目标；同时结合微店开店技巧、市场营销学等，着力介绍以下几点。

1．微店基础知识：通过基础知识的学习，了解各大主流微店平台，学会下载安装与注册登录微店的操作流程，同时掌握微店消息中心及系统设置等内容。

2．微店的搭建与预览：通过微店平台的搭建，学习微店基本资料设置、微店运营资料设置、微店预览及分享等功能，进行网上开店。

3．微店商品、订单及客户管理：通过学习微店的商品管理、订单管理及客户管理等相关内容，学会对微店商品、订单、客户进行个性化管理，以达到提高效率的目的。

4．微店服务：通过对微店服务的学习，了解微店装修服务、排版辅助工具的使用、微店提供的货源平台，达到科学开店的目的。

5．微店统计与收入：通过分析店铺基本数据和我的收入，对微店的访客及数据进行合理化管理，有助于学生掌握分析店铺数据的方法。

6．微店营销与推广活动：掌握营销方法，有助于获得更好的营销效果。通过学习微店自带的营销与推广活动内容及设置方法，有利于学生更好地推广微店。

7．其他推广方式：该部分重点介绍除微店外的推广方式和技巧，结合当下流行的微信推广、微博推广等方法，进行深入分析。

结合以上几点，本书共分为七个单元，编写时将店铺开设的理论与实操相结合，易于职业学校学生学习掌握。

由于编者水平有限，书中难免有不足之处，恳请读者提出宝贵意见和建议。

编　者

目录 Content

微店基础知识

随着移动互联网的不断创新，诞生了一大批微商创业者，同时也诞生了许多微商平台，这些平台可以为微商创业者提供更好的交易窗口和管理工具，为零基础的微商创业者带来福音。本单元主要介绍目前主流的微店平台及相关基础知识。

知识目标

1. 了解微店的概念及常见功能。
2. 了解各大主流微店平台。
3. 熟悉微店消息中心及系统设置等的操作流程。

技能目标

1. 能够独立完成下载安装并注册登录一个微店。
2. 能够熟练完成微店消息中心及系统设置的操作。

素养目标

1. 培养学生对行业的认同感和职业自豪感。
2. 培养学生遇到问题能够主动解决问题的素养。

模块一 了解微店

　　微店，从不同的角度看，有不同的含义。宽泛地说，微店是指微型店铺，是基于移动互联网和智能手机而建立的购物网店，可以替代官方网站、网络商城平台，也可以实现客户数据管理、在线支付、物流查询等全面的网络交易功能。它不同于京东、淘宝、天猫等，微店的开店门槛更低，且不收任何费用，所以人人都可以开一家属于自己的网络店铺。目前此类平台较多，其中有一个平台叫"微店"，这就是狭义的微店。每个平台都有各自的优势，大家可以根据自己的情况选择合适的平台。以下介绍两种常用的微店平台及其相关产品。

一、微店

（一）了解微店

　　这里的微店是狭义的微店，即一个叫"微店店长版"的 APP。微店店长版是手机开店商业模式的开创者，行业内的遥遥领先者，同时也是去中心化网络的积极探索者。到目前为止，微店拥有 9 千万个店铺，能够提供 15 大类约 3500 万 SKUs 商品，类目包括美妆及个人护理、服饰等。微店 APP 界面如图 1-1 所示。

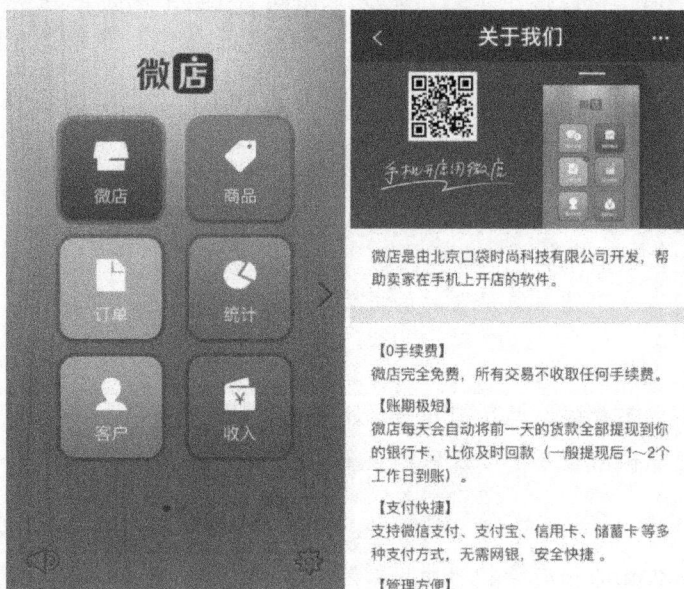

图 1-1　微店 APP 界面

　　微店进驻门槛低，不收取任何费用，发展势头较好。并且，微店可与微信及微信公众账号绑定，可以让用户更好地推广自己的店铺，同时通过一键分享到 SNS 平台，可以快速宣传自己的店铺并促成交易，降低了开店的门槛和高额的广告费用。

（二）微店的主要功能

　　（1）1 分钟开店　　1 分钟简单操作就能开启属于你的微店。
　　（2）完全免费　　开店完全免费，所有交易不收取任何手续费。

（3）账期极短　微店每天会自动将前一天的货款全部提现到你的银行卡，让你及时回款。

（4）支付快捷　支持微信支付、支付宝、信用卡、储蓄卡等多种支付方式，安全快捷。

（5）管理方便　随时随地添加商品、查看订单，并可一键分享到微信、微博、QQ 空间等多个平台。

（6）微店分销　海量优质底价货源，轻松一件代发。

（7）多重认证　微店认证体系，确保店铺安全可靠，为你的交易保驾护航！

（8）安全保障　微店与中国平安财产保险公司合作，已由中国平安财产保险公司承保超期到账责任。

（三）微店关联应用

微店是北京口袋时尚科技有限公司于 2014 年 1 月 1 日推出的移动端最大的手机开店 APP，该公司旗下拥有微店买家版和微店店长版两个 APP。

1．微店买家版

微店买家版是基于图片与标签相结合的购物类应用软件，随时随地给客户推荐各种风格的商品，微店买家版具有实时查看喜欢的店铺动态、搜罗全网优质微店商品、快捷管理买家订单等特点，如图 1-2 所示。

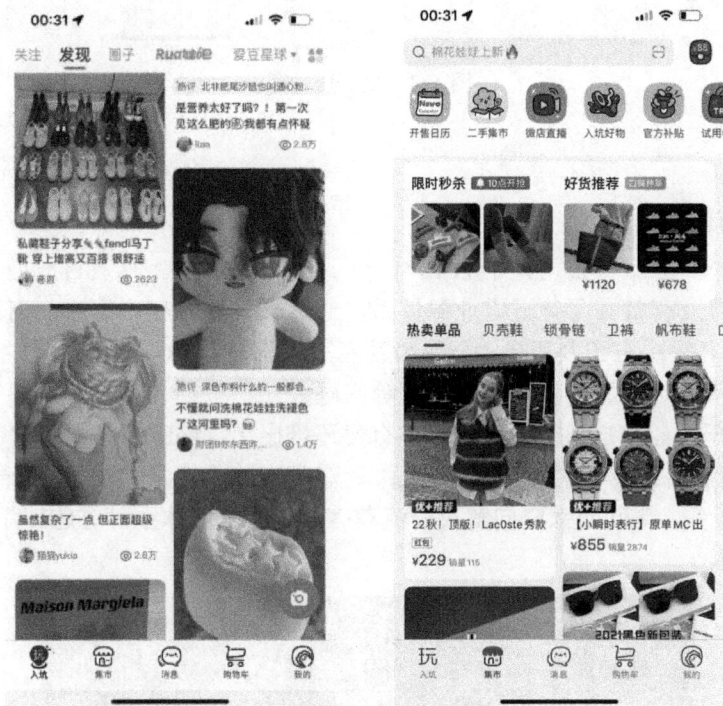

图 1-2　微店买家版

2．微店店长版

微店店长版是基于互联网，在微店网站、移动智能终端设备客户端向商家提供的各项服务，包括但不限于创建店铺、店铺管理、商品管理、订单管理、分销推广、客户管理、账户管理等具体服务，如图 1-3 所示。

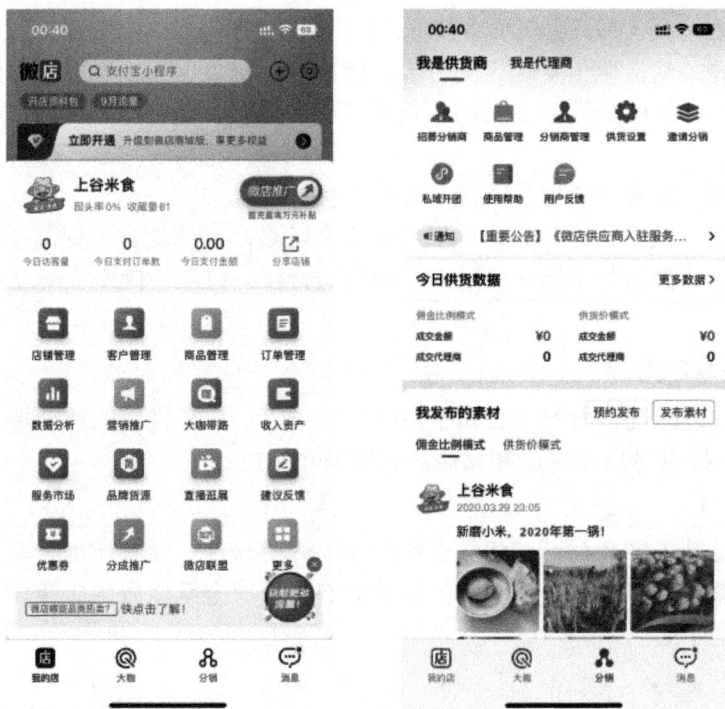

图 1-3　微店店长版

二、有赞

（一）了解有赞

有赞，是一个商家服务公司，于 2012 年 11 月在杭州成立。有赞目前拥有社交电商、新零售、美业、教育及有赞国际化五大业务体系，通过旗下的社交电商、门店管理和其他新零售 SaaS 软件产品、解决方案及服务，全面帮助商家解决在移动互联网时代遇到的推广获客、成交转化、客户留存、复购增长、分享裂变等问题。

面对商家与开发者的定制化服务需求，有赞还推出了 PaaS 服务平台"有赞云"，全面支持商家和开发者定制各类个性化解决方案；针对商家的"流量"难题，有赞还提供有赞推广、有赞分销等服务，帮助商家定向解决引流获客、搭建分销体系等难题。有赞界面如图 1-4 所示。

图 1-4　有赞界面

（二）有赞的主要功能

（1）多人拼团　多人拼团基于多人组团形式，鼓励用户发起与朋友的拼团，以折扣价购买优质商品，同时带来更好的传播效果。

（2）积分商城　粉丝通过在店铺内消费等行为获得积分，并用积分兑换特定商品。积分兑换所产生的订单将作为"积分订单"出现在订单列表中。

（3）销售员　销售员可帮助商家拓宽推广渠道。商家通过制订推广计划招募买家加入推广队伍，并在其成功推广后给予奖励，以此给店铺带来更多传播，促进销量提升。

（4）秒杀　秒杀是有赞微商城推出的一款营销应用，商家可以针对某款商品，在特定时间内以超低价格售卖，以此营造紧张的气氛，拉动人气，并引导买家买更多的东西，从而带动店铺的整体销售。

（5）更多其他玩法

1）促销工具：优惠券、优惠码、满减/送、多人拼团、团购返现、积分商城、限时折扣、赠品、降价拍、订单返现、支付有礼。

2）店铺拓展：收银台、验证工具、销售员、有赞直播间、多门店。

3）互动营销：找人代付、要送礼、签到、投票调查、对话搜索商品。

4）互动游戏：刮刮卡、疯狂猜、生肖翻翻看、幸运大抽奖。

5）第三方应用：积分宝、微信盖楼、口令红包、微信红包、票务核销、自动发卡、砍价、多级分销、兔展、秀米、微社区、赢销+、快刀物流雷达等。

（三）有赞关联应用

1. 有赞微商城

有赞微商城原名口袋通，是帮助商家在微信上搭建微信商城的平台，提供店铺、商品、订单、物流、消息和客户等管理模块，同时还提供丰富的营销应用和活动插件，如图1-5所示。

图1-5　有赞微商城

有赞微商城不仅能帮助商家搭建一个移动端的店铺，同时还能帮助商家管理各个平台上的粉丝。它唯一的短板在于支付环节，支付虽然支持支付宝，但是成交的时候支付宝要收取一点手续费，提现也需要手续费。

如果你希望认认真真地维护粉丝和管理商品，并让他们在一个体系下运营，那么建议你选择有赞微商城，虽然它的支付环节会收取一点手续费，但是一样不影响它的优秀，相信有赞能很快把这个问题解决。

2．有赞微小店

有赞微小店主打"手机开店神器，没货也能开店"，是小卖家的"福星"，如图1-6所示。

图 1-6　有赞微小店

3．有赞精选

有赞精选是有赞旗下的一个综合性电商平台，涵盖美食、美妆、居家、服饰配件、亲子等全品类商品。如图1-7所示。

图 1-7　有赞精选

4．有赞零售

有赞面向实体零售商家的线上线下一体化经营管理系统，帮助商家管理人（消费者）、货（商品）、场（门店）、进（采购）、销（销售）、存（库存）、人（员工）、财（资金）、物（物料），聚焦到店、到家、离店三大经营场景。

有赞零售功能包括会员管理、会员储值、积分兑换、多渠道商品互通、商品多规格、卡券核销、到店自提、供应商管理、智能采购、采购入库、动销分析、库存调拨、导购管理、资金归集等。

5．有赞连锁

有赞连锁是有赞为多门店连锁商家提供的统一运营解决方案，适用于直营、加盟、联营等模式。有赞连锁主打商品通、库存通、订单通、会员通、储值通、营销通、数据通、资产通八大模块，同时支持网店和门店管理，可以帮连锁商家快速打通线上、线下，门店、总部，实现一体化经营。

6．有赞美业

有赞美业是有赞为美业商家提供互联网化的门店经营工具，帮助商家拓客、留客、管店，涵盖多人拼团、同行减价、推广员等多种营销工具，支持多种消费场景，如在线预约、到店服务及网上售卡、门店消费等，同时有赞美业还支持商家实现线上线下会员统一经营。

7．有赞教育

有赞教育是有赞面向教育机构的互联网经营解决方案，帮助教育机构解决在招生拓客、教务管理、学员管理、互动督学等环节的痛点，并通过售卖实物商品实现多业态发展。适合亲子早教、兴趣教育、语言培训、留学游学、学科辅导、教育院校、职业技能、知识付费等多种教育机构。

8．有赞餐饮

有赞餐饮是有赞面向实体餐饮门店的解决方案，提供门店经营和在线营销工具。现已实现外卖、扫码买单、优惠券、满减、资金管理、餐饮小程序等功能，让商家拥有自己的外卖平台又不需要支付高额的平台抽成。商家借助各类营销工具，吸引顾客在线点餐、在线支付或到店扫码买单，提升收银效率，提升消费体验。

以上介绍了微店和有赞两种微型店铺平台，当然还有其他的类似平台，这里就不一一介绍了。其中微店门槛低，使用率高，是目前微商创业者的首选。如没有特别说明，本书均以微店为例。

模块二 下载、安装、注册、登录

微店支持 Android 和 iOS 系统的设备下载、安装及运行，所以想开微店，首先你得有一部支持微店程序的手机、平板或其他设备，设备支持 Android 或 iOS 系统，以下将以 iOS 系统的手机为例演示下载、安装等操作。

一、下载

1）打开手机应用"App Store"，在应用市场上搜索并找到"微店"，如图 1-8 所示。

图1-8　搜索"微店"

2）选择"微店-手机开店用微店"这个 APP，点击右侧"获取"-"安装"，在点击"安装"后会提示"登录 iTunes Store"，这是苹果 iTunes 账号，如果没有可以注册一个，输入密码即可开始下载，如图1-9所示。

图1-9　下载"微店"

二、安装

如果是 Android 系统的手机下载后会提示安装，按照安装提示进行安装即可。苹果 iOS 系统手机是下载安装一步到位，下载后即已安装在手机中了，找到"微店"图标即可，如图 1-10 所示。

图 1-10　安装成功后显示微店图标

三、注册

1）打开下载好的微店，进行注册（有微信的用户可以选择"微信登录"，这样可以省去注册步骤，但还是需要设置其他信息），如图 1-11 所示。

2）点击注册后，需要输入手机号（见图 1-12），输入后对应的手机会收到一个验证码短信，按系统提示完成输入验证码、设置密码等步骤，即完成注册流程。

图 1-11　首次使用需要注册

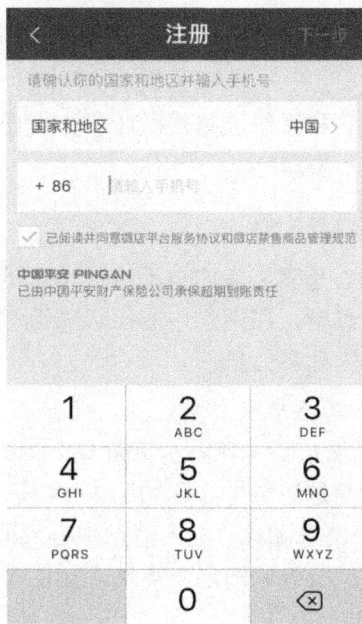

图 1-12　按流程注册

四、登录

注册成功即可登录，登录后会进入微店主页面，如图 1-13 所示。

图1-13 成功登录微店

模块三　消息中心及系统设置

消息中心和系统设置是微店官方发出的官方消息和微店应用设置，这里有很多微店重要信息，大家不要忽略。

一、消息中心

消息中心是微店官方自动推送给你的信息，包含公告、消息、点赞，在消息中心可以看到平台的最新动态和自己店铺的动态信息。

1．进入消息中心

1）登录微店后，界面左下角有个喇叭状图标，这个图标对应的就是消息中心，如图1-14所示。

2）点击消息图标，进入消息中心界面。消息中心包含三个版块：公告、消息、点赞，如图1-15所示。

图1-14 消息中心按钮

2．公告

公告是微店发出的相关管理通知，比如假期安排（见图1-16）、新功能发布、提现公告、新活动、新规则等，及时查看公告有助于实时获取微店平台的最新政策及相关信息，方便进一步管理微店。

图 1-15　消息中心

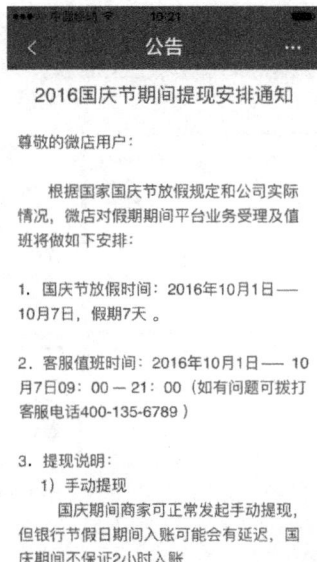

图 1-16　假期安排公告

3．消息

消息包含的内容比较多，不像公告那样硬性，主要是推送经营课程、优秀店铺案例、功能使用技巧等，可以帮助卖家提升店铺经营管理技能，在这里可以学到很多开店知识，有助于更好地掌握微店经营技巧，如图 1-17 所示。

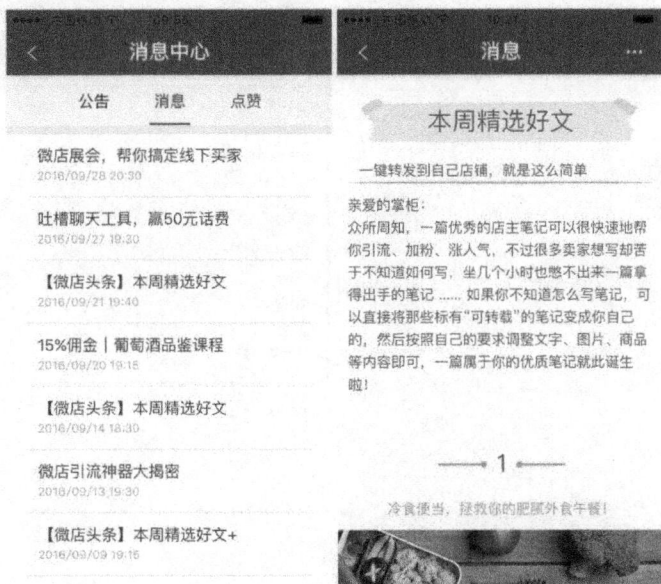

图 1-17　消息中心—消息

4．点赞

点赞是当你的店铺产品或你发布的笔记等被客户点赞时，系统发来的信息，如图 1-18 所示。

图 1-18 消息中心—点赞

5．新消息通知设置

当然，你可以根据自己的喜好来设置是否接收消息通知，在"点赞"界面右上角点击齿轮状图标，进入"新消息通知"设置界面，即可进行相应设置，如图 1-19 所示。

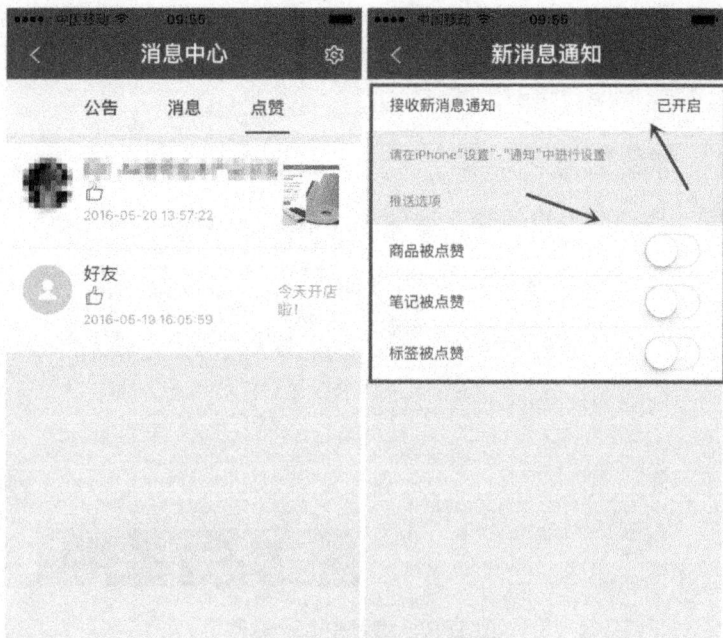

图 1-19 新消息通知设置

（1）接收新消息通知 此项需要在手机"设置"—"通知"里找到"微店"，然后进行相应设置，当按钮点亮时表示接收通知消息，如图 1-20 所示。

图 1-20　系统设置—通知—微店—允许通知

（2）商品被点赞　按钮点亮则表示允许店铺商品被客户点赞时接收通知，否则无通知。
（3）笔记被点赞　按钮点亮则表示允许店长笔记被客户点赞时接收通知，否则无通知。
（4）标签被点赞　按钮点亮则表示允许店长标签被客户点赞时接收通知，否则无通知。

二、系统设置

系统设置是当你在使用微店平台时，为方便使用该 APP 及正常经营店铺而进行相关的设置，比如账号管理、淘宝搬家助手、处罚申诉等。同时，有关微店平台的一些资料也在这里，比如微店网页版、关于微店、帮助与反馈等。

点击微店界面右下角齿轮状图标，即可进入设置界面，如图 1-21 所示。

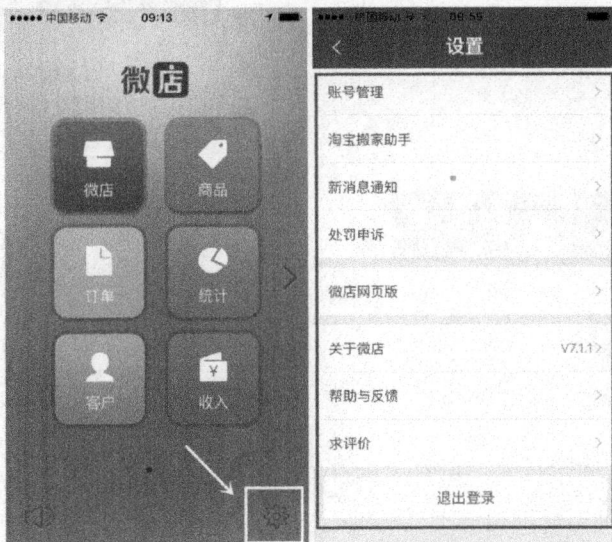

图 1-21　进入设置界面

1．账号管理

账号管理是你进入微店的基本账户信息，包含账号信息、微信号绑定和修改密码，如图 1-22 所示。

（1）账号信息　此项包含了你的基本资料，如真实姓名、身份证号、手机号码等，如图 1-23 所示。需要注意的是，当此账号下的微店有提现记录时，就不能再更改个人资料了。

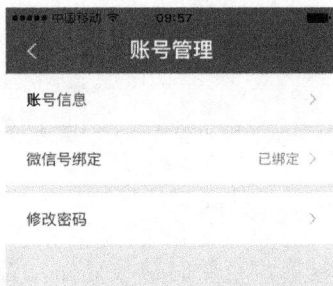

图 1-22　账号管理

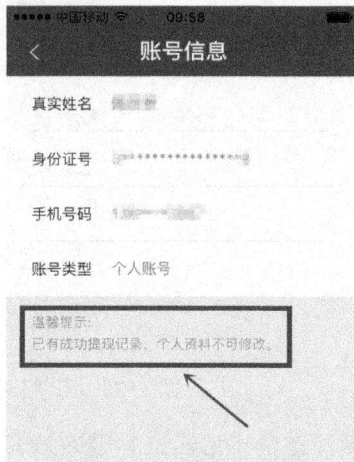

图 1-23　账号信息

（2）微信号绑定　如果注册时使用微信号一键登录，那么会提示绑定微信号，如图 1-24 所示，登录后无须再绑定，但是如果是用手机号码注册的，那登录后需要进行绑定设置，绑定微信号有利于微店推广，所以一般都建议绑定。

（3）修改密码　在使用密码登录的情况下，建议不定期地修改密码，这样可以防止盗号风险。修改密码首先需要进行原密码验证（见图 1-25），验证通过方可设置新的密码。

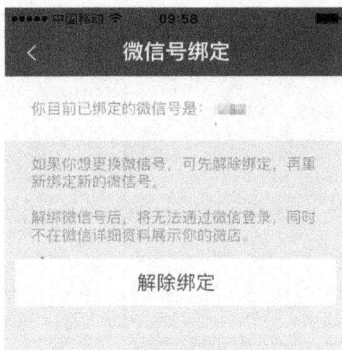

图 1-24　绑定微信号

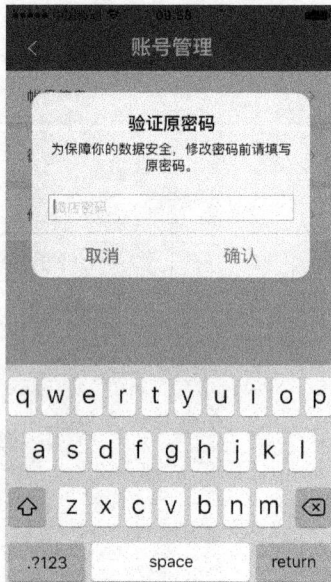

图 1-25　验证原密码提示

2．淘宝搬家助手

如果你有自己的淘宝店，那么这个功能可以给你省去很多工作，让你快速将淘宝宝贝搬到微店店铺上。

点击"淘宝搬家助手"，首先会让你选择"快速搬家"或"普通搬家"，如图 1-26 所示。

图 1-26　搬家模式

（1）快速搬家　选择该模式，微店系统会将淘宝店所有上架的商品搬过来。其操作步骤如下：

1）点击"快速搬家"，进入"淘宝账户登录"界面（见图 1-27），输入淘宝店铺账户、密码后点击"登录"，会收到手机验证码短信，按照系统提示输入验证码，通过验证即可登录。

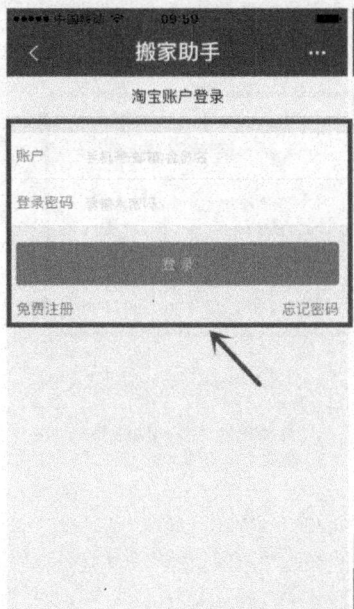

图 1-27　"淘宝账户登录"界面

2）成功登录后，显示淘宝宝贝等信息，此时系统会自动操作，等待即可，如图 1-28 所示。

图 1-28　系统自动检索淘宝宝贝

3）搬家成功后出现如图 1-29 所示提示，如果以后淘宝店上架了新的宝贝，那么点击"更新"便可以不定期地对微店进行更新，非常便捷。

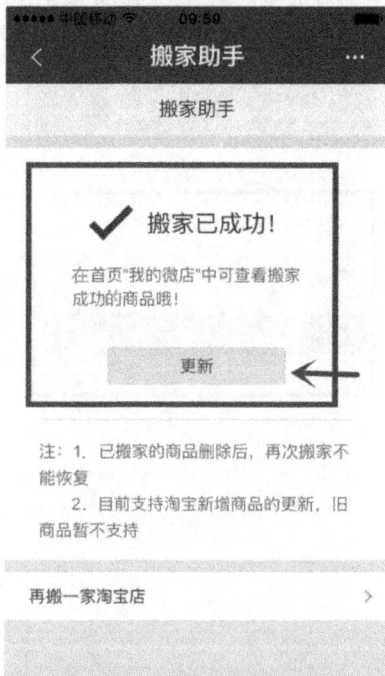

图 1-29　搬家成功

（2）普通搬家　普通搬家是对淘宝店指定的宝贝进行搬家，这个模式相对复杂一些，一般不建议使用。

点击"普通搬家"后，进入自动生成序列号界面（见图 1-30），需要将序列号放入淘宝宝贝的标题中。

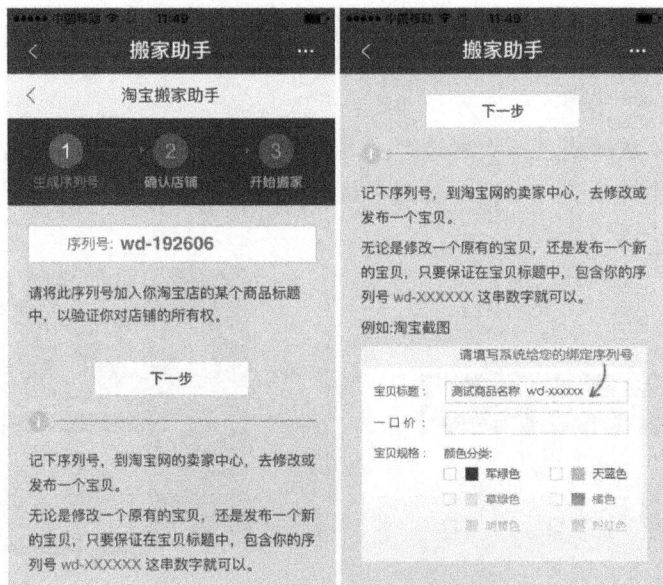

图 1-30　普通搬家-序列号

在淘宝上将宝贝标题修改好后，回到微店，点击"下一步"，在这里输入商品 ID（见图 1-31），商品 ID 即淘宝宝贝详情页链接地址上的一串数字，输入后点击"验证"，即可完成单个宝贝的搬家。

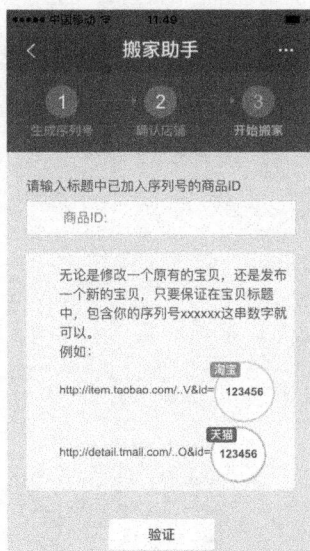

图 1-31　验证商品 ID

3．新消息通知

新消息通知和消息中心里"新消息通知"的设置是一样的，这里不再赘述。

4．处罚申诉

如果微店在经营过程中有违规行为，系统按照规则进行相应的处罚，处罚内容就会展示在这里。在这里，卖家可以进行相关修改或申诉，使得店铺恢复正常经营。处罚包括三个方面：店铺处罚、商品处罚、订单处罚，如图1-32所示。

5．微店网页版

当手机操作比较麻烦或者不太熟练时，可以进入微店网页版进行微店管理，点击该项，出现微店网页版地址（见图1-33），在浏览器中输入该地址并登录，即可进入微店网页版管理界面，如图1-34所示。

图1-32　处罚通知

图1-33　微店网页版地址

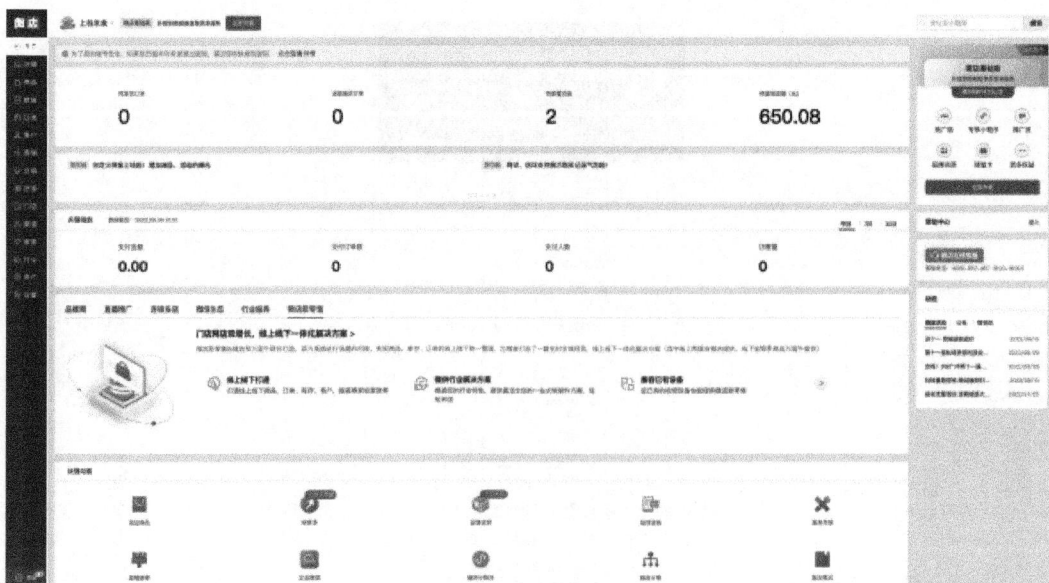

图1-34　微店网页版管理首页

6．关于微店

这里有微店的相关介绍，包括微店的优势、功能、相关规定等，如图 1-35 所示。初次开店时应当仔细阅读该项。

图 1-35　关于微店

7．帮助与反馈

帮助与反馈是微店用来总结卖家在经营过程中遇到的问题及解决办法的，比如账户管理、开店须知、交易方式、交易问题等，如图 1-36 所示。同时，在使用过程中，如果有意见或建议，可以在这里留言给微店官方，或者在线与微店人员互动。

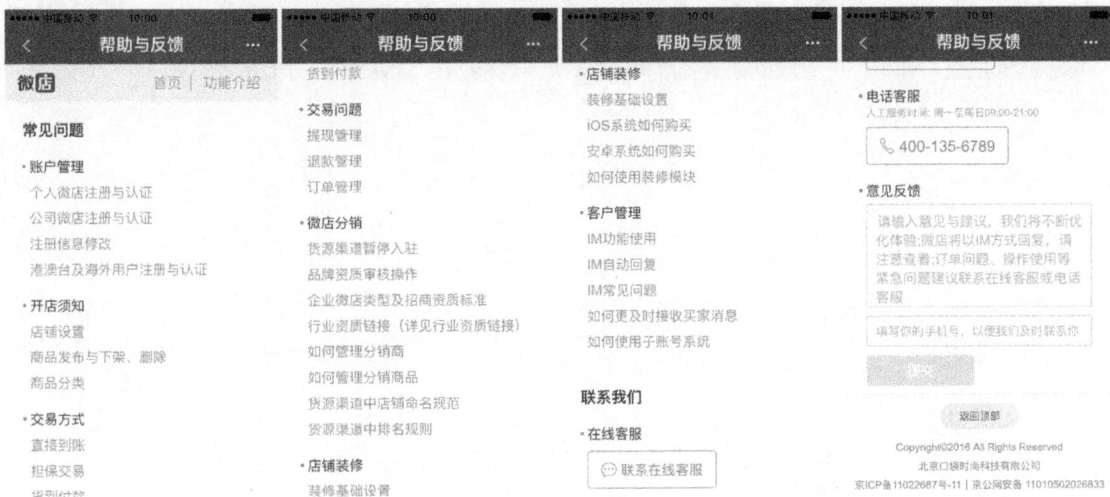

图 1-36　帮助与反馈

8．求评价

求评价是微店向用户求得应用评价，即用户在手机应用市场中对该 APP 的评论，点击后会跳转至 App Store 微店应用的界面，点击"撰写评论"，输入想要评论的内容提交即可，如图 1-37 所示。评论结果会展示在 App Store 中，其他用户可以查看到。

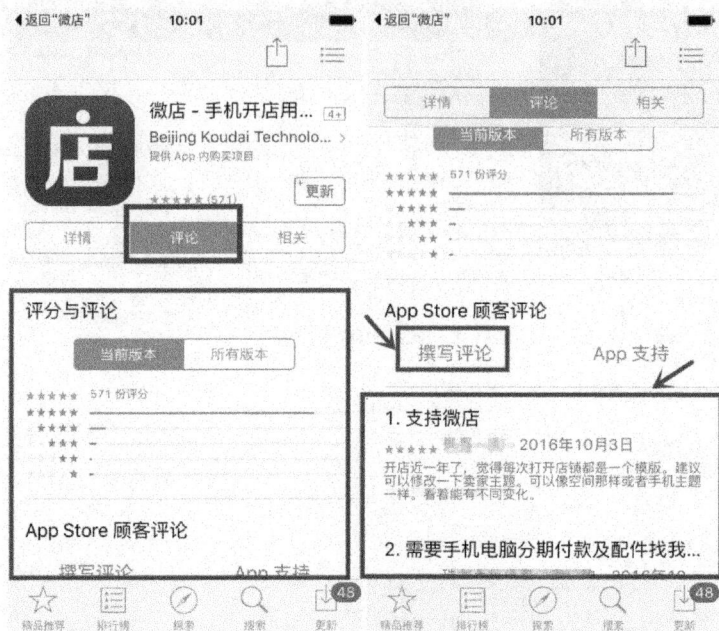

图 1-37　微店评论

微店的搭建与预览

　　注册了微店账号并不等于拥有了微店，我们的目标是要利用微店平台更好地促进销售，带来线上交易，创造更多的价值，这就需要我们搭建一个专属的、可以用来购物的微店。本单元从微店的基本资料设置开始，直至建立一个能够展示给客户的完整店铺。

知识目标

1. 熟悉微店设置流程。
2. 了解进行微店资料设置所需的信息。
3. 了解微店预览及分享等功能及操作流程。

技能目标

1. 能够独立完成微店基本资料设置。
2. 能够独立完成微店运营资料设置。
3. 能够完成微店预览及分享等功能的操作。

素养目标

1. 树立严谨认真、脚踏实地的工作态度。
2. 培养学生爱岗敬业的职业素养。

模块一 完善微店基本资料

　　微店基本资料包含店铺头像、名称等，是开店最基础的一部分，比如开一家实体店需要店名、店铺招牌、地址、基础配备，那么开微店也是一样的，只有先把基本资料完善了才能继续往下做。微店基本资料在微店管理模块里，点击微店主界面中的"微店"便进入微店管理界面，如图 2-1 所示。

图 2-1　进入微店管理界面

　　点击此界面头像区域，进入微店管理基础设置界面，在这里可以完善店铺基本信息，如图 2-2 所示。

图 2-2　微店管理基础设置

一、微店头像及名称

（1）微店头像　微店头像是展示店铺的第一张门面，所以头像要给人强有力的冲击力，让人一眼便能记住这个头像。设计头像时需要掌握以下几点：①色彩冲击力强；②画面对比度高；③清晰明了；④符合店铺风格。

当具备以上四点时，就差不多有一个店铺头像的思路了。下面带大家一起实际操作一个微店头像的制作过程。

微店头像暂时没有固定尺寸，显示尺寸为 80×80px（下面操作以尺寸为 100×100px 的做示范，因为尺寸为 80×80px 的截图会不清楚）。

1）打开 PS 软件（建议使用 Photoshop CS5 以上版本），单击"文件"菜单中的"新建"命令，新建一个 100×100px，分辨率为 72px/in 的白色画布，如图 2-3 所示。

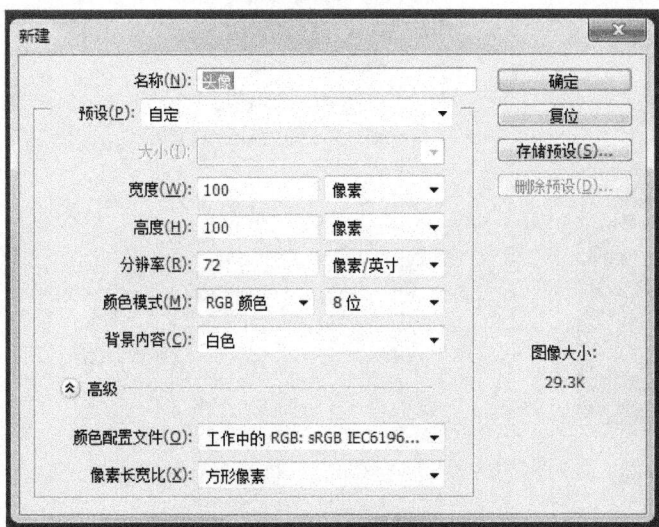

图 2-3　新建画布

2）将背景改为黑色：先将前景色改为黑色，然后单击选中背景图层，按快捷键 <Alt+Delete> 将背景变成黑色，如图 2-4、图 2-5 所示。黑色给人沉稳高贵的感觉，店铺主营商品是高端产品时可以选用此颜色。

图 2-4　设置前景色

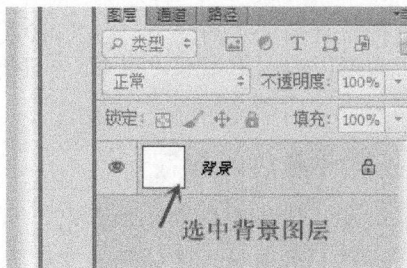

图 2-5　选中图层

3）在网上下载一个京东狗的素材，拖入画布正中央，如图 2-6 所示。京东狗的大小要覆盖整个画布至少 70% 以上，因为这个 Logo 的气质需求是高端沉稳，所以界面只有一只京东狗，这样才能给人较强的冲击力。

4）完成之后单击 PS 软件的"文件"-"另存为"命令，弹出对话框，将画布保存为 JPG 格式，如图 2-7 所示。在保存 JPG 格式时不要忘了再保存一份 PSD 格式的文件，以便后期修改。

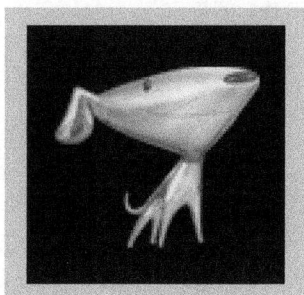

图 2-6　添加 Logo

图 2-7　保存文件

（2）微店名称　一个成功的店铺，需要有自己的品牌，打出自己响亮的名称，是一个店铺走向成功的第一步。名字响亮能让更多的人识别店铺，了解产品；店铺和产品有广泛的知名度和良好的信誉，才能吸引更多的客户，产生更大的效益。取名称除了结合行业特点外，还要和商家外在与内在的特点、气质相结合，才能成为一个好名称，否则就会适得其反。店铺的名称包括店铺名和产品名、商标名等，是店铺巨大的无形资产。如图 2-8 所示，点击微店名称可更改店铺名称。

图 2-8　设置店铺名称

二、店长昵称及店长标签

（1）店长昵称　店长昵称不用放全名，可俏皮一点；或者用自己的笔名，文艺一点。一个好的昵称，可以消除人与人之间第一次相识的陌生感，拉近与客户的关系。如图 2-9 所示为设置店长昵称。

图 2-9　设置店长昵称

（2）店长标签　店长标签将会显示在店铺首页上，可以被买家看见并进行点赞，添加标签可以让客户更加直观地了解店铺内所售产品类别，如图 2-10 所示。

图 2-10　设置店长标签

三、微信号和微信二维码

微信号和微信二维码是微店外部联系你的方式之一，当你没时间回复微店消息时，微信可以帮你解决一部分问题，如图 2-11 所示。

图 2-11　设置微信二维码

微信二维码中可以选择将二维码显示到店长笔记/商品详情界面中，这样买家就可以更方便更直观地找到你的联系方式并联系你。

四、微店等级

微店等级越高，买家信誉度越高，在买家版微店中搜索排名就越靠前，微店等级是系统根据成交订单等综合因素得出的。图 2-12 所示为微店等级界面。

图 2-12 微店"我的等级"

五、微店公告和主营类目

（1）微店公告 微店公告是用精简的话概括微店所运营项目，正因为简短，所以更要用心去写。微店公告应尽量符合产品特点，迎合潜在客户需求，抓住客户的购买心理，如图 2-13 所示。

图 2-13 微店公告

（2）主营类目 主营类目要定位精准，以方便买家在搜索的时候搜索到你的店铺，如图 2-14 所示。

图 2-14 微店主营类目

六、实体店地址和客服电话

（1）实体店地址　如果有实体店的话，把实体店地址添上可以增加线下的流水。店铺地址要写详细，并配合快速定位，这样用户可以直接导航到你的店，如图 2-15 所示。

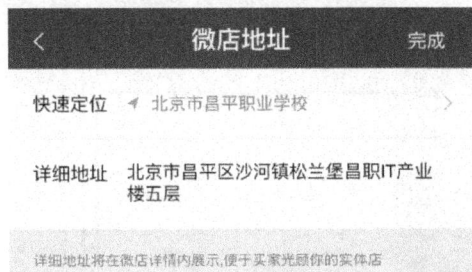

图 2-15　微店地址

（2）客服电话　填写客服电话可以方便买家通过客服电话与你联系。客服电话将展示在订单详情和发给买家的所有短信中，默认展示注册手机号。如果需要更换客服电话，点击图中框选区域更换客服电话，设置的客服电话一定要保持畅通，以便及时解决买家的问题与需求，如图 2-16 所示。

图 2-16　微店客服电话

模块二　完善微店运营资料

　　微店运营资料相对更加灵活，需要在运营过程中根据实际运营情况加以完善，不是设置一次就行了。比如店长笔记，需要我们在后期运营店铺的过程中不断更新维护。也许有些设置在开始并没有用上，初期不影响开店，但对于长期经营却有一定的影响，所以我们要掌握并熟练操作微店管理中各项运营资料的设置。

同样，点击"微店"，进入微店管理，里面有各项与微店管理运营相关的资料设置，如图 2-17 所示。

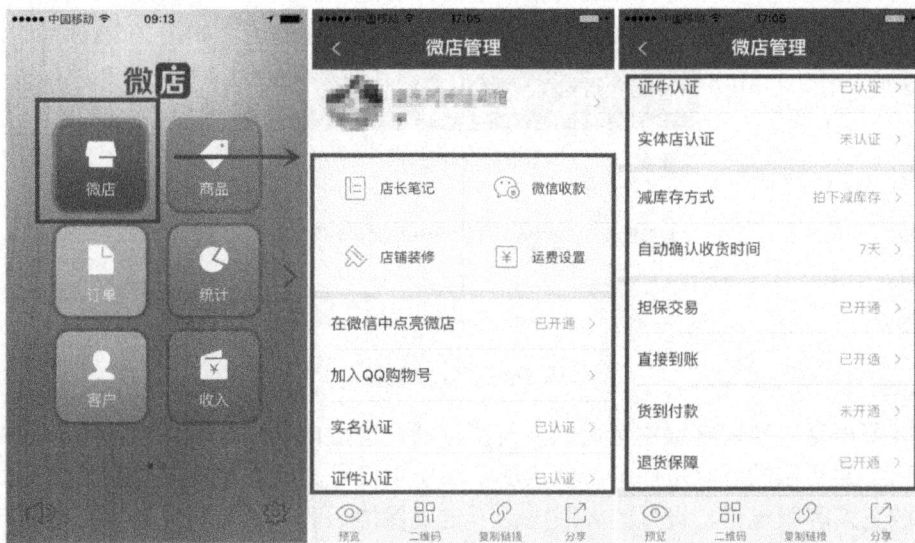

图 2-17　微店管理运营资料设置

一、店长笔记

微店的店长笔记功能是微店的一大特色。通过这一功能，店长可以向客户传递产品理念、最新活动等，也可以分享自己喜欢的文章，是店长与客户沟通的桥梁之一。

（1）进入店长笔记界面　在微店管理界面，点击"店长笔记"，进入默认界面——"每日推荐"，下面有分类可以查看各类文章，如图 2-18 所示，卖家可以选择适合自己的文章阅读。查看其他卖家的店长笔记可以学习他人的店铺经营技巧等，对后期自己编辑店长笔记及运营店铺非常有帮助。

图 2-18　店长笔记

（2）编辑我的笔记　点击上方"我的笔记"—"写下第一篇笔记"，进入新笔记编辑界面，输入标题和内容，点击发布，即提示"笔记发布成功"，同时你还可以将该笔记分享到朋友圈等，让更多的人看到你的笔记，如图2-19所示。注意，标题最好写得精炼一些，这样一下就能吸引客户的眼球。同时，笔记内容也要有一定的有用信息，不能从网上随意复制一些内容粘贴到自己的笔记中，原创的笔记更容易获得客户的信赖。

图2-19　编辑我的笔记

二、微信收款

微信收款即卖家主动向买家（微信好友）发起收款，买家可以使用微信支付来完成支付。

1）点击"微信收款"进入收款设置，输入要接收的金额后点击"发起收款"，如图2-20所示。

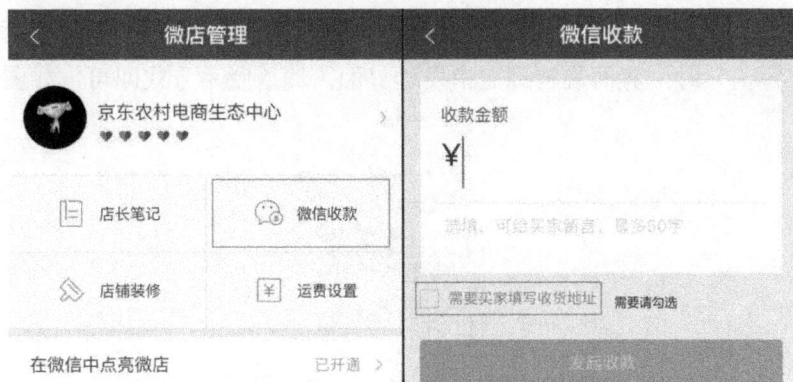

图2-20　发起微信收款

2）发起收款后，跳转到向买家发起收款界面，提示"微信收款创建成功"，这里有"微信好友"和"短信"两种通知方式，可以选择任一方式通知对方，如图2-21所示。

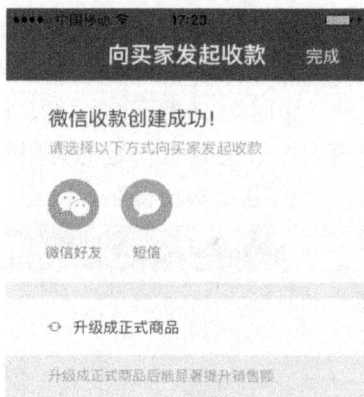

图 2-21　微信收款创建成功

① 选择"微信好友"时，界面自动跳转到微信，选择发送给指定微信用户，对方即可收到收款信息，如图 2-22 所示。

图 2-22　发送给微信好友

② 选择"短信"时，界面跳转到短信发送界面，输入联系方式即可，如图 2-23 所示。

图 2-23　短信发送收款信息

3）客户收到信息后，点击链接进入付款界面，可以选择微信支付、信用卡、储蓄卡等方式支付，支付成功后你会收到支付通知。

三、店铺装修

销售不同产品的店铺适合不同的装修风格，因此卖家需要根据自己的产品特点选择合适的模板并进行适当装修。

1）点击"店铺装修"进入选择模板界面，在这里可以选择免费模板或付费模板，默认为免费微店初始模板，如图 2-24 所示。

图 2-24　店铺装修—选择模板

2）点击默认模板进入自定义装修界面，在这里可以对模板进行删减、编辑或插入，如图 2-25 所示。图片可以用作图软件或者微店自带的"排版君"（在第四单元会讲到）进行设计。

图 2-25　自定义装修

四、运费设置

既然是网店，免不了需要快递，设置一个默认的运费价格，在客户购买时可以自动加入运费而无须单独改价，方便管理。

点击"运费设置"进入查看运费界面，点击"修改运费"，跳转到修改运费界面，在这里可以设置运费，同时还可以点击"添加指定地区运费"设置指定区域的运费，如图 2-26 所示。

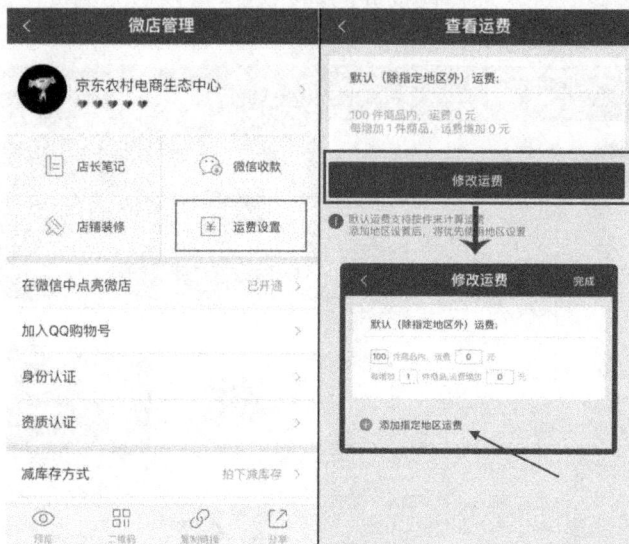

图 2-26　运费设置

五、设置在微信中点亮微店及加入 QQ 购物号

（1）设置在微信中点亮微店　点亮微店后微店将会显示在所绑定微信的个人名片上，可以让微信用户在看到你的名片时第一时间发现你的微店，也是一种不错的引流通道。如果想关闭点亮服务或解除微信号绑定，点击界面右上角的三个白点按操作提示执行即可，如图 2-27 所示。

图 2-27　在微信中点亮微店

（2）加入 QQ 购物号　这是一个专属于微店卖家的 QQ 公众号，可以帮助卖家把微店搬到 QQ 里（每个店铺仅能注册一个购物号）。但不是所有的微店都可以开通 QQ 购物号，必须达到一定条件的微店才可以开通，如图 2-28 所示，而且开通 QQ 购物号必须在微店网页版操作才可以。

图 2-28　开通 QQ 购物号的条件

六、微店认证设置

微店认证可以增加店铺信誉度和本人身份的真实度，这在网络购物中会增强客户对店铺的信任，作为买家更容易选择有认证的店铺进行购买。微店认证包含实名认证、证件认证和实体店认证，如图 2-29 所示。

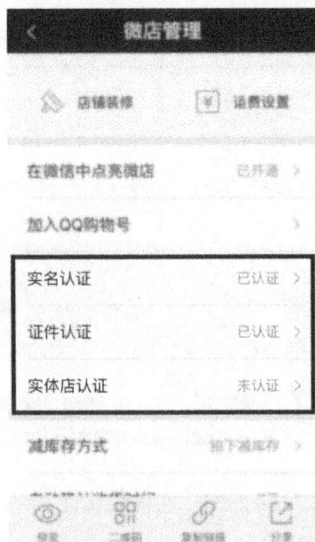

图 2-29　微店认证

（1）实名认证　实名认证时要保证姓名、身份证、银行卡开户人为同一人，暂时仅支持借记卡（请不要填写信用卡），绑定有银联标识的借记卡，提现更及时，如图 2-30 所示。

（2）证件认证　证件认证要求上传身份证正反面及手持身份证的照片，照片一定要清晰，手持身份证照只照上半身即可，证件认证开通成功后才能开通"直接到账"服务，如图 2-31所示。

（3）实体店认证　当你有自己的实体店时，方可进行该项认证，该认证也需要在微店网页版操作，进入微店网页版管理首界面左侧，点击"实体店认证"，如图 2-32 所示。

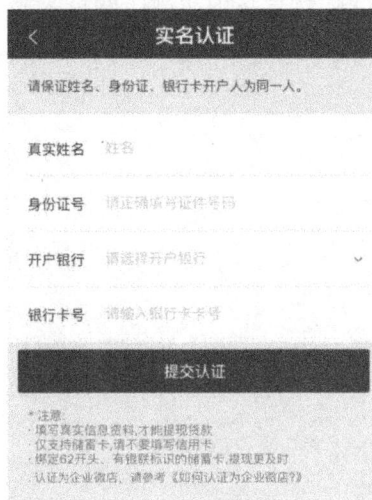

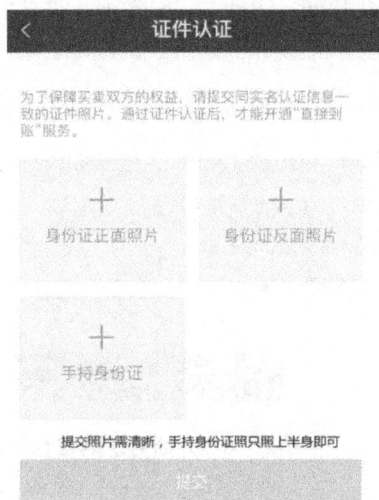

图 2-30　实名认证　　　　图 2-31　证件认证　　　　图 2-32　实体店认证

点击后进入实体店认证信息登记界面，按照提示提交店铺地址、名称等信息，同时还需上传店铺相关资料照片，如营业执照、门店外面照片、门店内营业现场照片等，完成后点击"提交"按钮，等待官方审核即可，如图 2-33 所示。

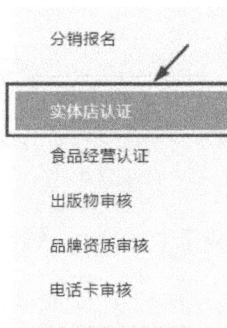

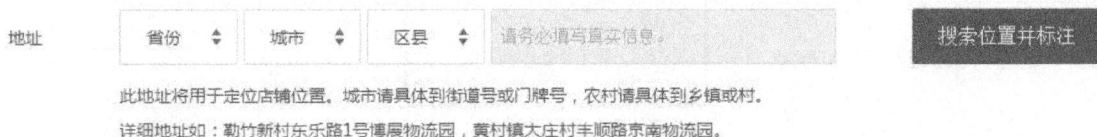

图 2-33　实体店认证

除了上述认证，在微店网页版管理后台中，还可以进行更多的认证和审核，如食品经营认证、出版物审核等，但是这些认证和审核是针对特定的产品的，卖家可以根据需要进行选择。

七、减库存方式及自动确认收货时间

1．减库存方式

减库存方式包含两种方式：拍下减库存、付款减库存。两种方式各有利弊，卖家可以根据经营需要选择适合的减库存方式。其设置方法很简单，只需在相应的方式上点一下，出现红色对钩图标即设置成功，如图 2-34 所示。

（1）拍下减库存　即当买家拍下商品时，库存相应减少，如果 24 小时后买家仍未付款，则恢复库存数量。

（2）付款减库存　即买家拍下商品时，会预先扣库存，15 分钟内付款则减库存，如果超过 15 分钟未付款则释放库存。

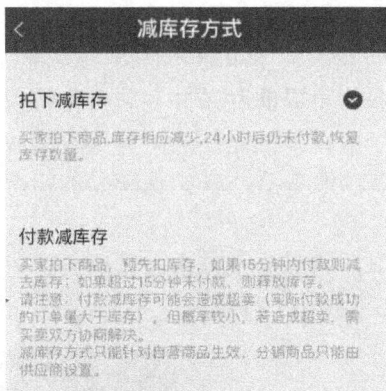

图 2-34　减库存方式

这里要注意的是，付款减库存的方式有可能造成超卖，因为实际付款成功的订单量有可能大于库存，所以建议卖家尽量选择拍下减库存的方式。

2．自动确认收货时间

自动确认收货时间是指买家付款后，如果不确认收货，系统会自动确认收货，自动确认收货时间可以设置为 7 天、10 天、15 天、20 天、25 天、30 天六种不同的时间。卖家可以根据实际情况来设置，但是为了尽快回款，一般设置为 7 天。要注意的是，该项设置 7 天内只能修改一次，如图 2-35 所示。

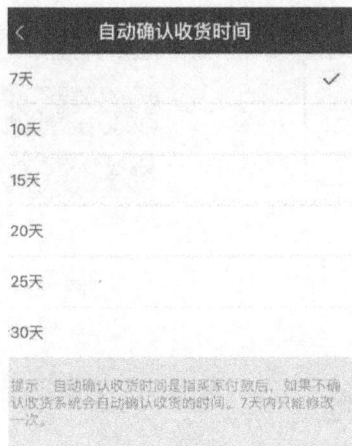

图 2-35　设置自动确认收货时间

八、开通四大服务

添加服务保障可以给买家带来便利的服务，并为买卖双方提供风险保障，可以有效提高收藏率和购买率。

四大服务包括：担保交易、直接到账、货到付款、退货保障，如图 2-36 所示。

（1）担保交易　担保交易是微店平台替买卖双方暂时保管货款的安全交易服务，但是不对交易商品的品质、质量或服务等负责。开通担保交易有利于吸引陌生买家下单，提高销售额。

（2）直接到账　开通直接到账后，买家若选择此方式付款，货款会在交易次日自动提现至卖家已绑定的银行卡，有利于卖家回款。

（3）货到付款　货到付款即买家在下单时不付款，等商品到达时由快递公司代为收款。如需开通货到付款，需要和快递公司提前联系并签署合作协议。

（4）退货保障　退货保障一般默认的是 7 天，即买家签收后 7 天内，在符合退货条件的情况下，可以退货退款。开通该项服务后，在担保交易的情况下，货款会继续被冻结 7 天，超过退货期限后才能提现。

四大服务的开通都比较简单，只需分别点击各项服务，进入开启界面，点亮按钮或点击"加入 7 天退货保障"即可，如图 2-37 所示。

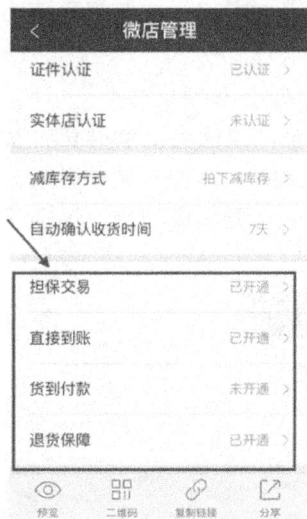

图 2-36　四大服务

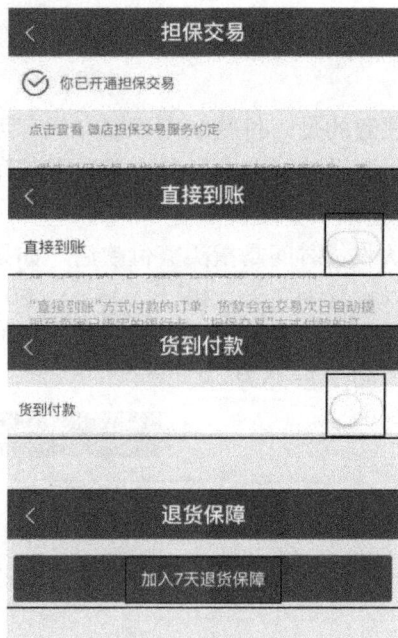

图 2-37　开启四大服务

模块三　店铺预览及其他

微店管理资料都完善后，就可以预览店铺效果了，当然在完善过程中也可以随时预览，这样在完善过程中能快速发现问题，及时进行调整和修改。店铺预览没有问题后，就可以将店铺链接分享出去，让更多的人看到你的店铺并来购买你的商品。

一、店铺预览

点击微店管理界面下方的"预览"即可预览店铺效果，查看店铺的总体效果，如图 2-38 所示。

图 2-38　预览店铺图标

在店铺预览中可以看到店铺招牌、店铺头像及名称、店铺等级、开通了的保障服务、店铺介绍等，除了一些店铺资料，后期上传产品后，还可以对页面进行修改，增加产品展示等，如图 2-39 所示。

图 2-39　预览店铺效果

二、店铺二维码

店铺二维码类似微信二维码，点击"二维码"后会自动生成店铺的二维码（见图 2-40），当用户长按或者扫描该二维码时，可以直接进入你的店铺。

图 2-40　店铺二维码

二维码下方有朋友圈、微信好友、微博、QQ 空间和下载图片五个图标，点击不同的图标有不同的作用，其中点击前四项后会直接跳转到对应平台，发送或展示该二维码图片。例如，点击朋友圈，会跳转到微信朋友圈，你只需点击"发送"，店铺的二维码就分享到朋友圈了，如图 2-41 所示。而第五个图标是将二维码图片保存到本地，这样你便可以任意使用该二维码图片了，比如做宣传页等。

图 2-41　将店铺二维码分享到朋友圈

三、复制链接

复制链接有三种方式：复制店铺名称+链接、仅复制店铺链接、仅复制店铺名称，如图 2-42 所示，点击后会复制相应的信息，这样在你发送给好友时可以快速粘贴，无须再打字了。

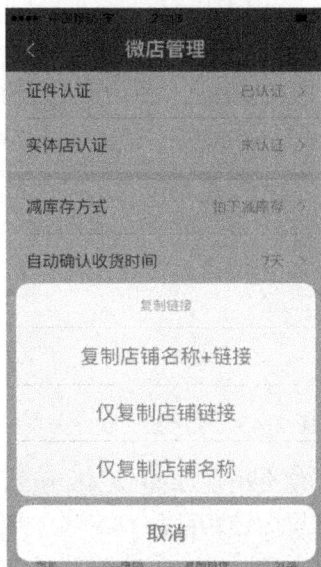

图 2-42　复制链接

例如，复制店铺名称+链接，点击该项后，便会出现"店铺名称+链接已复制"提示，如图 2-43 所示。

复制后，只要到允许粘贴的地方粘贴即可，比如你可以发送给微信好友、QQ 好友，或者发送到朋友圈、QQ 空间，又或者发送短信（见图 2-44），这对于店铺推广也是非常有帮助的。

图 2-43　复制成功提示

图 2-44　粘贴至短信

四、分享

此处的分享不同于二维码和复制链接的模式，它在冲击力上是最有优势的，因为此处分享的内容类似微信图文消息，对方不点开也可以直接从该消息上看到店铺的头像、名称及部分简介。

点击"分享"弹出"通过社交软件分享"界面，可以分享至朋友圈、微信好友、QQ 空间、QQ 和微博这五个窗口，如图 2-45 所示。

图 2-45　通过社交软件分享

例如，点击分享至微信好友，便会出现如图 2-46 所示的效果，好友点击该消息后，会直接进入你的微店店铺，并可以在里面选购商品。

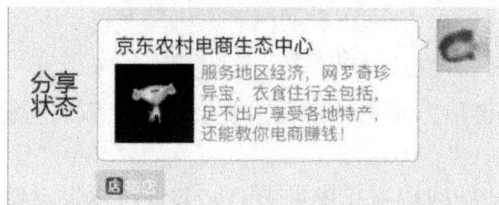

图 2-46　分享至微信好友效果

第三单元

微店商品、订单及客户管理

在第二单元中我们学会了开店设置等，开启了我们的店铺并能预览完整店铺。但是，这对于整个微店运营是远远不够的，我们还需要掌握更多微店管理技巧，比如商品管理、订单管理、客户管理等，做到全店任一环节都能快速反应、设置及管理，这样才能更好地经营我们的微店。

知识目标

1. 了解操作店铺商品管理的各项功能。
2. 掌握订单管理及订单各项进程。
3. 掌握客户管理相关设置及评价处理等方法。

技能目标

1. 能够正确完成商品分类、商品管理、批量管理等操作。
2. 能够独立完成进行中、已完成、已关闭等状态订单的管理操作。
3. 能完成客户管理的基本功能操作。

素养目标

1. 提升学生的沟通表达能力。
2. 树立严谨认真的工作态度，提高学生团队协作能力。

模块一 **商品管理**

对于网店来说，商品是店铺中最主要的一项内容，是店铺经营的核心，所以商品管理一定要做好。这里的商品管理包括分类管理、添加商品及出售中、已下架的商品管理等。点击微店首界面上的"商品"，即可进入商品管理界面，如图3-1所示。

图3-1　点击"商品"进入商品管理界面

一、分类管理

点击"商品"默认显示的是"出售中"界面。为什么要把分类放在第一位讲呢，因为事先做好分类设置有助于后期添加新商品，可以帮助卖家更好地进行商品管理与维护，也让顾客在购买时浏览更方便。点击界面上方的"分类"，进入分类管理界面，如图3-2所示。

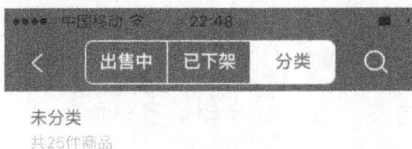

图3-2　点击"分类"进入分类管理界面

进入分类管理界面后，下面有"未分类"组，这是系统默认的分类组。未分类组不能删除与编辑。除此之外，用户可以自行新建和编辑分类。

（1）新建分类　点击分类界面下方的"新建分类"，弹出"新建分类名称"窗口，输入分类名称后点击"确定"即可，如图3-3所示。

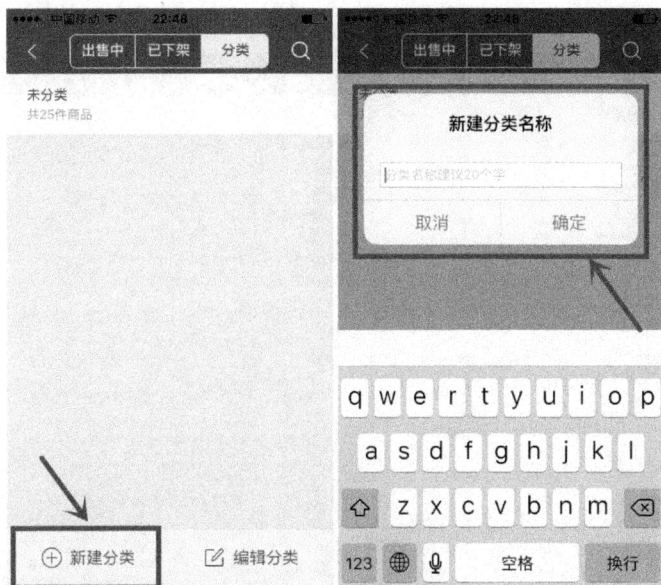

图3-3　新建分类

（2）编辑分类　点击分类界面下方的"编辑分类"，可以对已添加的分类进行编辑、删除、排序，修改后点击下方的"完成"按钮便可返回分类界面，如图3-4所示。

图3-4　编辑分类

分类如果不能一次完成，可以在后期根据商品类别再进行修改。注意：微店的分类不要过细过多，那样会不方便客户浏览，所以按大类分就可以。

二、添加新商品

点击界面上方的"出售中",进入在售商品界面,找到下方的"添加新商品",点击后进入添加商品界面,如图 3-5 所示。

图 3-5　添加商品

1. 产品主图与详情页

在微店中主图跟详情页是不分开的,添加"商品图片"时第一张为主图,第二张为详情页。下面以商品"茉莉飘雪茶叶"为例,介绍主图与详情页的制作方法。

主图和详情页都没有固定尺寸,但为求美观,这里推荐主图尺寸为 640×640px,详情页尺寸为 640×高不限 px。

(1)主图　即第一张图。主图在店铺商品列表及进行其他推广时会展示,所以要尽量做到清晰、精美,展示产品优点。

1)打开 Photoshop 软件,单击"文件"—"新建"命令,新建 640×640px、分辨率为 72px/in 的白色画布,具体数值如图 3-6 所示。

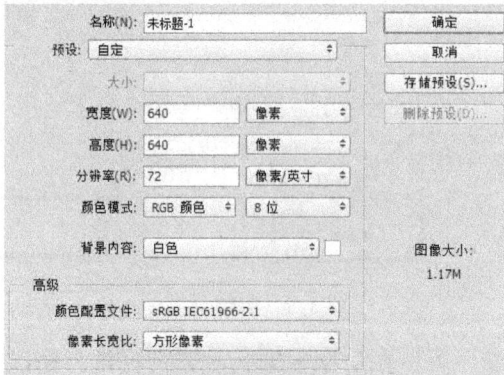

图 3-6　新建画布

2）在网上下载一张蓝天绿地的照片，拖入到画布中作为背景，拖入后会出现一个新的图层，如图3-7所示。

图3-7　新建背景

3）点击右侧工具栏文字工具，在画布中输入文字"十元尝鲜价"，字体为"叶根友蚕燕隶书（3500）"，如图3-8所示。

图3-8　输入标题文字

4）给文字加图层样式，双市文字图层蓝色区域，弹出"图层样式"，设置"描边"为渐变，具体参数值如图3-9所示。

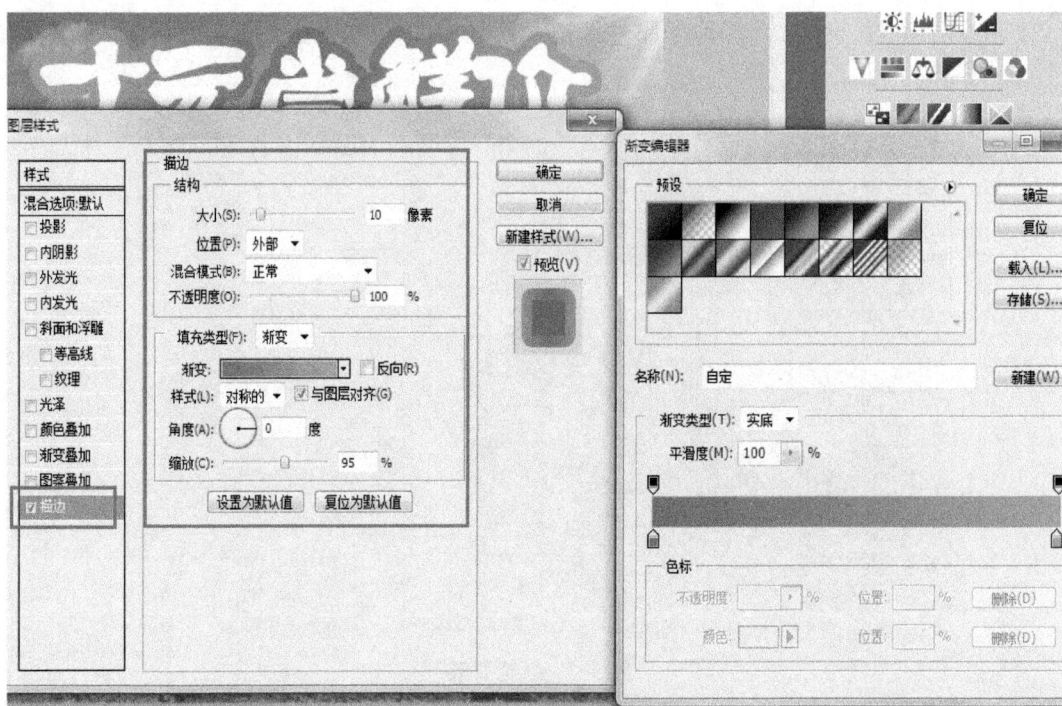

图 3-9　给文字加图层样式

5）在文字图层上方新建一个空白图层，然后点击画笔工具，并设置画笔大小为 49px，硬度为 100%，设置好后在"十元尝鲜价"文字的右下方画 4 个圆，如图 3-10 所示。

图 3-10　新建图层并添加素材

6）点击文字工具，设置为"迷你简行楷"字体，并选适中的文字大小，打出"茉莉飘雪"4 个字，并排列在 4 个圆的右下偏上一点位置，如图 3-11 所示。

图 3-11　输入副标题文字

7）在素材网上下载一杯茉莉飘雪的茶叶素材，拖入画布中，放在中央偏下的位置，如图 3-12 所示。

图 3-12　放入产品图片

8）在素材网上下载茉莉花素材，把茉莉花图层置于茶杯图层的下方，让茉莉花紧挨茶杯右上方，如图 3-13 所示。

图 3-13　放入茉莉花图片

9）在素材网上下载叶子飘落的素材，放置在画布中，并围绕着茶杯均匀分散，把叶子的素材编组（按<Ctrl+G>键）整理好，如图 3-14 所示。

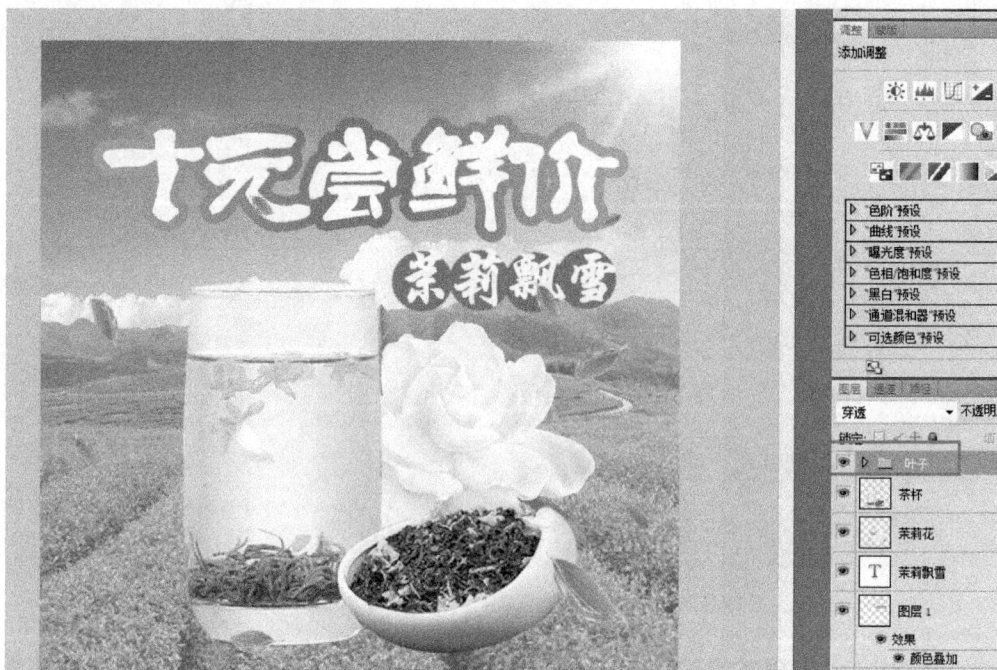

图 3-14　放入茶叶图片

10）在网上下载泡泡的素材，放置在画布上并使泡泡围绕着茶杯均匀分散，把泡泡的素材编组整理好，如图 3-15 所示。

图 3-15　放入泡泡图片

11）最终效果如图 3-16 所示，如果觉得图层多显得杂乱，可以多编一些组，对图层进行分组管理。

图 3-16　主图效果

（2）详情页　详情页是主图后面的图片，只展示在商品详情里，具有商品介绍的功能。

下面来制作一张详情页。

1）首先打开 Photoshop 软件，单击"文件"—"新建"命令，新建 640×高不限 px（这里高为 4033px）、分辨率为 72px/in 的白色画布，设置之后单击"确定"按钮即可，如图 3-17 所示。

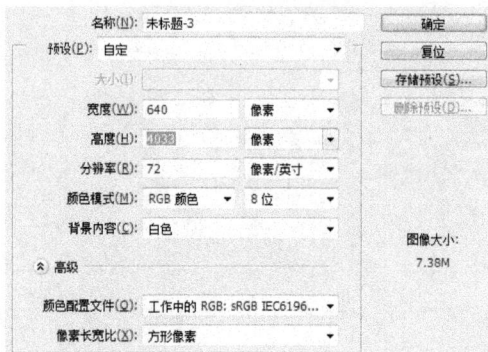

图 3-17　新建详情页画布

2）制作情景海报大图。

① 找一张茉莉花地的图片做背景，另找一块木板做海报的下半部分，将茉莉花茶杯的素材拖入画布并放在画布最右边。

② 用选框工具画一个白色方框，透明度 15%，并在上面添加文字。添加后点击画笔工具，在文字间隙中间画两条白线，效果如图 3-18 所示。

图 3-18　制作情景海报大图

3）制作商品信息。

① 用画笔工具在界面上画出一条绿色的线条，再画两条灰色的线条（中间隔一条画笔粗

细的距离）。

② 用文字工具加上图中文字，然后在素材网上下载小图标放在详细文字前面，效果如图 3-19 所示。

图 3-19　制作商品信息

4）制作实拍介绍图。

① 点击文字工具，打上图中的文字，并设置为两种不同颜色，如图 3-20 所示。

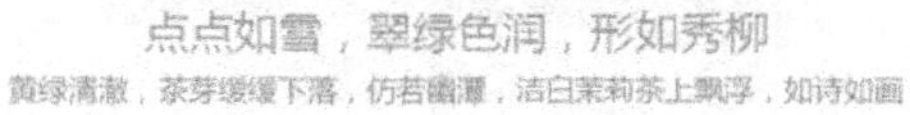

图 3-20　添加文字介绍

② 拖入拍摄好的茉莉花茶图片，如图 3-21 所示。

图 3-21　添加产品实照

③重复前两步，直至做完所有实拍图，最后效果如图 3-22 所示。

图 3-22　详情页效果

5）制作产地图。

① 用画笔工具画一条绿色的线做文字底图，在框内输入图中的文字，设置文字图层样式为"渐变叠加"，如图 3-23。

图 3-23　添加商品名称

② 画两个圆环，在中间放入茉莉花茶图片，在外圈圆环上画 4 个矩形，并输入相关文字，如图 3-24 所示。

图 3-24　添加商品特色

6）辅助信息：用画笔工具画两条绿色的线，用文字工具把标题打在线条的左边，并在网上下载关于冲泡方法的图片和冲泡建议的图片，放置在绿色线下面，如图 3-25 所示。

图 3-25　添加辅助信息

2．商品标题

微店中的商品标题即商品描述的前几十个字，一般能够显示 20 字（40 个字符），所以产品标题尽量控制在 20 字（40 个字符）内。在标题中加入关键字，可以让买家更快速地找到你的商品，如图 3-26 所示。

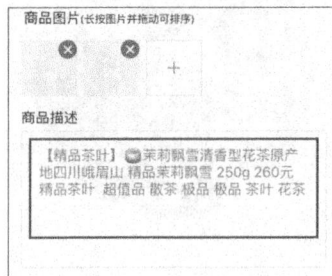

图 3-26　输入商品标题

3．价格、库存、规格

1）价格、库存：在商品描述下方的"价格""库存"框内输入价格和库存，价格可结合店内活动情况进行灵活调整，库存尽量设置得充裕一些，如图 3-27 所示。

2）点击库存下方的"添加商品型号"，就进入添加商品规格页面，如有多个规格，可以再次点击"添加商品型号"，如图3-28所示。

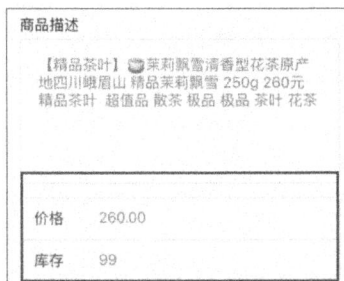

图 3-27　输入商品价格和库存

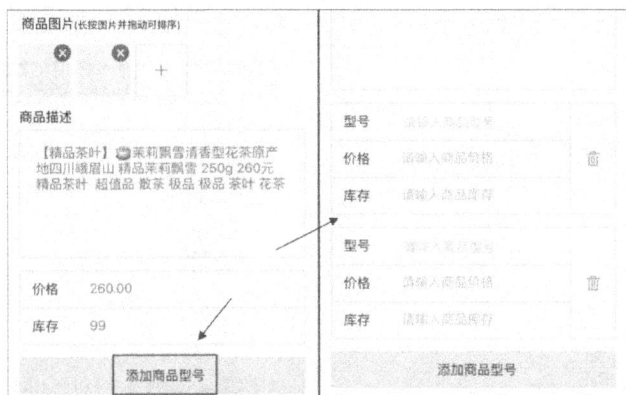

图 3-28　添加商品型号

需要注意的是，当设置商品型号时，会有单独的价格和库存设置，那么用户购买时应以这个价格为准，上面的价格和库存作为基础价格和库存。

4．选择分类并完成

当以上各项都设置完毕后，点击下方"分类至"，选择商品类别，点击"确定"后回到添加商品界面，点击右上角"完成"新商品就添加成功了，如图3-29所示。

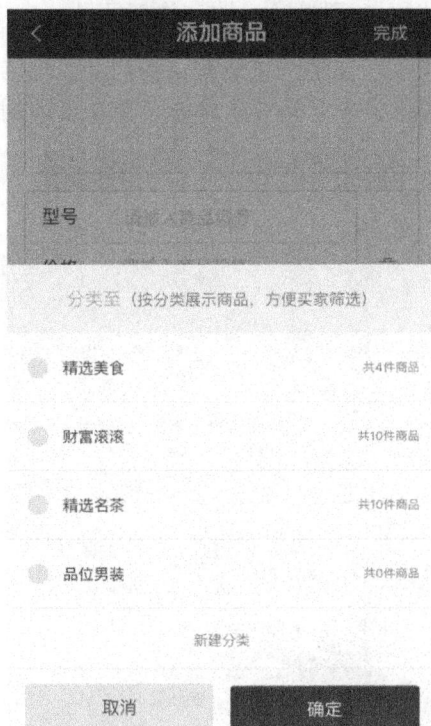

图 3-29　设置商品分类

三、出售中、已下架商品管理

（1）出售中　即买家能在店铺中浏览到并购买的商品。出售中的商品可以按照"添加时间""销量""库存"进行排序，同时卖家还可以对商品进行图文推广与分享，如图3-30所示。

图3-30　出售中的商品

（2）已下架：即买家不能在店铺中浏览及购买的商品。通常已下架的商品有两种情况：一是商品卖完自动下架，二是商品未上架（此时处于在仓库中的状态），如图3-31所示。

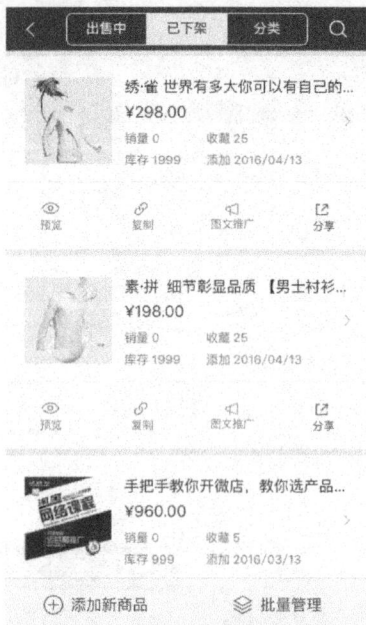

图3-31　已下架的商品

四、批量管理

批量管理是卖家对多个商品同时进行管理，比如在"出售中"可以将商品批量下架、批量分类，在"已下架"中可以将商品批量上架、批量分类，如图3-32所示。

图3-32　批量管理

模块二　订单管理

订单是买家在你的店铺购买商品所产生的单子，卖家要及时处理订单才能保证良好的销售服务及增加新客户转换为老客户的可能性。点击微店首界面的"订单"进入订单管理界面，订单管理分为进行中、已完成和已关闭三种状态，如图3-33所示。

图3-33　点击"订单"进入订单管理界面

一、进行中

进行中的订单是对买家从拍下商品，到发货及产生退款等一系列的订单流程的监控，此处分为待发货、待付款、已发货、退款中四种状态，如图 3-34 所示。

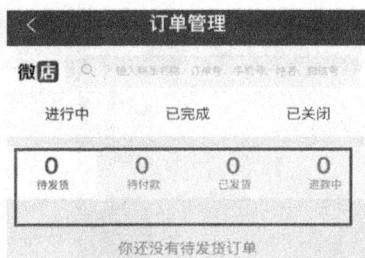

图 3-34　进行中的订单

（1）待发货　当买家拍下商品卖家还未发货时，订单显示在此处，此时卖家应在承诺时间内尽早发货。

（2）待付款　当买家拍下商品还未付款时，订单显示在此处，此时可以及时跟买家沟通，促进买家尽早付款。同时，为保障交易安全，待付款的订单不要发货。

（3）已发货　当卖家输入订单快递信息时，该订单便进入已发货状态，卖家要随时跟进物流，出现问题第一时间为买家解决。

（4）退款中　如果买家收到不满意的商品，提交退货申请时，订单就会进入该状态，卖家要咨询买家退货原因并处理好退货订单，安排人员接收退回的快递。

二、已完成

已完成的订单即买卖双方达成并完成交易的订单，此处一般显示的为交易成功的订单信息，如图 3-35 所示。对于已完成的订单，卖家要注意查收钱款是否到账，如果开通了担保交易功能，钱款要等担保时间过了才可到账。

图 3-35　已完成的订单

三、已关闭

因各种原因导致交易失败的订单都会显示在这里，如图 3-36 所示。当出现已关闭的订单时，有可能出现需要退款给买家的情况，此时卖家应及时把钱退还买家，以展现自己良好的信誉。

图 3-36　已关闭的订单

模块三　客户管理

　　客户是创造价值的来源，作为卖家一定要维护好每一个客户，只有维护好客户才能更好地提升店铺成交量。有效并及时回复客户的问题有助于提高客户转化率，或带来二次销售的可能。点击微店首界面"客户"进入客户管理界面，包含聊天消息、客户列表、客户评价，如图 3-37 所示。

图 3-37　点击"客户"进入客户管理界面

一、聊天公告

　　当客户第一次与你聊天时，一定会看到聊天公告的信息，所以在聊天公告中可以添加店铺介绍、最新活动或者卖家的联系方式，也可以添加一些常见问题的回答。聊天公告设置得好可以节省很多时间，同时促进店铺交易。

点击客户管理右上角的"设置"进入聊天公告编辑界面，输入相关内容后点击右上角"完成"即可，如图3-38所示。

图3-38　设置聊天公告

二、聊天消息

这里会显示和你沟通过的客户的聊天信息，点击进去可以看到聊天记录并再次聊天，如图3-39所示。对于刚刚起步的店铺，客户会较少，自己当客服就可以。当店铺达到一定规模时，便需要有专门的客服回答客户问题。

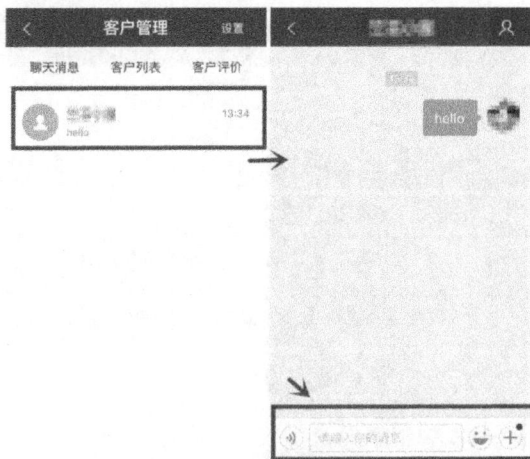

图3-39　聊天消息

三、客户列表

客户列表中展示的是在店铺里有过成交或有成交意向的客户，包含普通客户和潜在客户，其中普通客户直接展示在列表里，点击进去可以直接看到与该客户的成交记录，潜在客户收在"潜在客户"组里，点击进去可以查看到到访过和有过操作的客户信息，如图3-40所示。

图 3-40　客户列表

四、客户评价

客户评价是客户对购买的商品所进行的评价，包含好评、中评和差评，其中"全部评价"按照先后顺序列出，如图 3-41 所示。客户好评有利于塑造店铺和商品的口碑，对提升店铺销量很有帮助。

图 3-41　客户评价

买家发表评论后卖家应及时回复，这样可以增强与买家的友好关系，促进二次成交。如果出现中评和差评，卖家需认真对待，及时与客户沟通并解决问题，提升售后服务能更好地取得买家的信任。如果出现恶意中差评，卖家也不要着急，需要在回复时礼貌地做出回应，以避免新的客户看到产生疑虑而打消购买念头。

第四单元

UNIT
4

微 店 服 务

作为微商创业者或微店新手，在开店过程中可能会遇到很多难题。比如，店铺装修总觉得不够精美；找不到合适的模特为产品做宣传；没有好的产品或良好稳定的进货渠道等。这都需要卖家耐心地一一解决，微店自身也提供了很多服务供卖家使用，让卖家在开店过程中更得心应手。

知识目标

1．了解微店装修服务包含的内容，了解装修服务市场等。
2．掌握排版辅助工具的使用方法。
3．了解微店提供的货源平台。

技能目标

1．能够利用排版辅助工具完成商品详情图、店铺 LOGO、招牌、轮播广告等排版。
2．能独立完成货源的引进、分销管理等操作，并完成申请供应商流程。

素养目标

1．培养学生对商品行情的敏感程度，提升职业素养。
2．树立严谨认真的工作态度，培养爱岗敬业的精神。

模块一 微店装修服务

装修一个精美的店铺是吸引客户及促进购买的关键，所以微店提供有关店铺装修的各项服务，如排版君等。我们可以根据自身商品的实际情况选择服务，帮助我们制作出更符合客户审美和表达商品诉求的店铺形象来。

向左滑动微店界面至第二个界面，点击"服务"进入微店服务界面，如图4-1所示。

图4-1　微店服务

微店服务中除了与店铺装修相关的服务项目以外，还包含多个其他服务，如各国的代购及微店顾问。从店铺运营考虑，本模块重点介绍店铺装修的相关内容，即排版君、店铺图片处理、店铺装修服务和真人实拍这四个服务项目，其他服务大家可以根据各自的需求选择性地使用。

一、排版君

排版君是微店推出的一个非常实用且免费的网店图片排版工具。排版君排出的页面适用于手机店铺，对于没有 Photoshop 基础的人来说再实用不过了，我们可以使用排版君设计出一个非常漂亮的店铺，所以想要快速装修出一个漂亮的店铺，那就应该从排版君开始。

点击服务界面中的"排版君"，进入排版君界面，可以完成店铺大部分装修工作，比如商品详情图、二维码海报、店铺 Logo、微店店铺招牌等。卖家可根据店铺需要装修的内容使用不同的排版君排版模板，如图4-2所示。

下面介绍几个常用的排版模块。

图 4-2　微店服务—排版君

1. 商品详情图

商品详情图即添加商品时商品图片的第二张及以后的图片，卖家完成设计后可以在这里上传图片，如图 4-3 所示。

1）点击排版君"商品详情图"，进入商品详情图模板列表，模板上方有"筛选模板"，如图 4-4 所示。

图 4-3　商品图片

图 4-4　商品详情图模板

2）点击"筛选模板"，弹出模板分类，包含两部分：行业和图片数。行业是根据商品所属行业选择不同风格的模板，图片数是选择需要几张图，比如选择"食品茶饮"行业，需要"2张图"，点击按钮变绿色即为选中，选中后点击右下角"确定"即可，如图4-5所示。

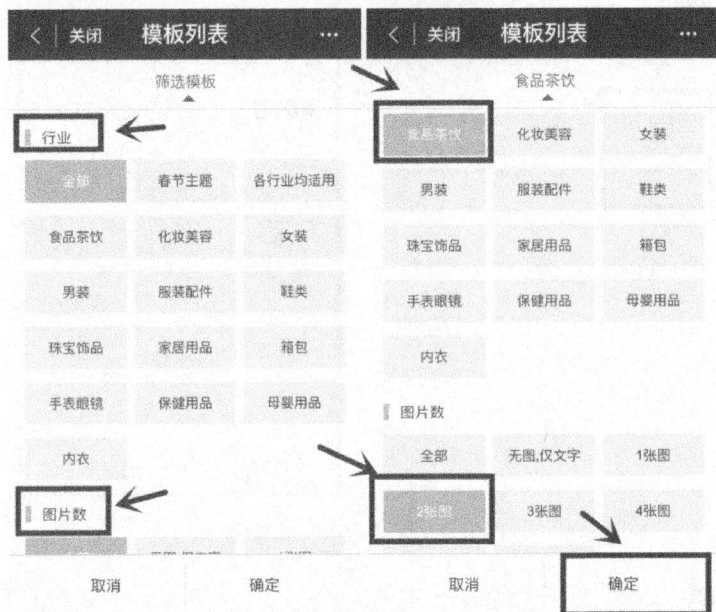

图4-5　选择模板分类及图片数

3）点击后系统自动筛选出相关的模板，点击其中一个，进入该模板编辑界面，下方同时展示了其他模板，点击图片可以切换到其他模板，也可以切换选中的两个模板图片，如图4-6所示。

图4-6　选择模板

4）点击图片上的文字，输入需要的文字，输入后点击"编辑样式"，可以对文字的颜色、大小、加粗、下划线、倾斜的样式进行调整，不修改样式可以忽略此部分，如图4-7所示。

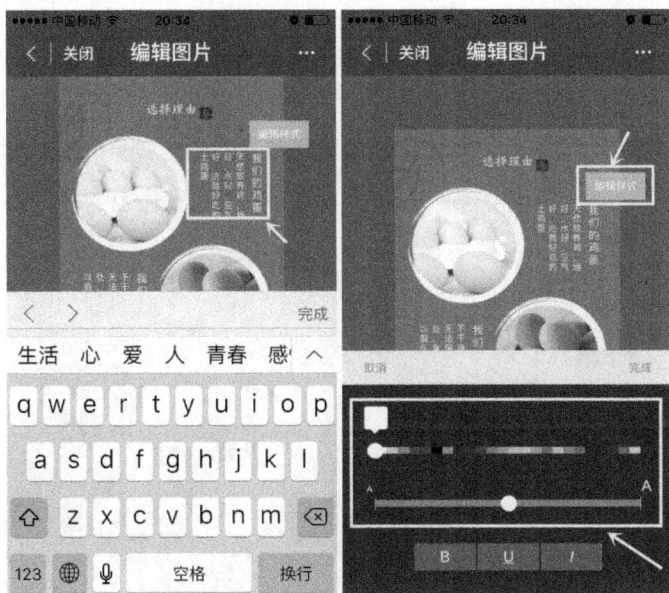

图4-7　编辑文字及样式

5）文字编辑好了，下面来修改图。点击图片，弹出图片来源方式——拍照或照片图库，这里建议提前将商品图片拍摄好保存在手机里，以便快速完成详情图编辑，如图片已经保存在手机里，选择"照片图库"进入手机相册选择预先拍好的照片即可，确认文字和图片没有问题后，点击右下角"完成"，长按图片可以将其保存到手机中，如图4-8所示。

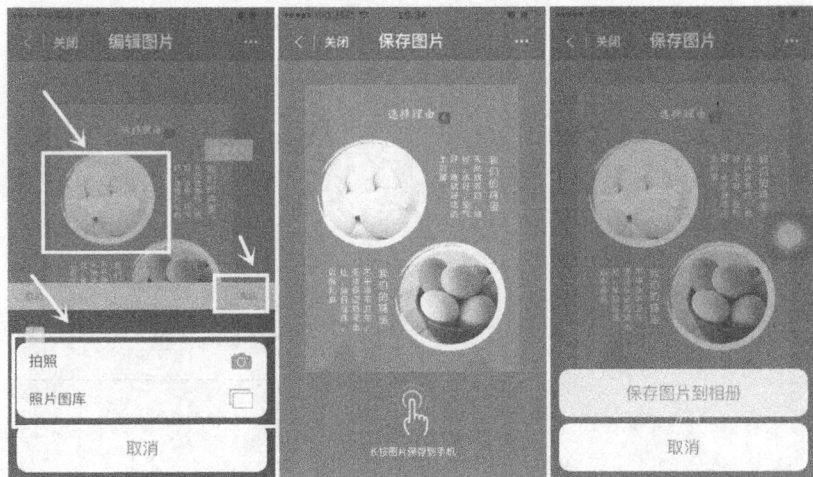

图4-8　编辑商品图片并保存

重复第4）步、第5）步，修改并保存另外一张图片，完成后回到添加或编辑商品的界面，上传用模板编辑好的商品详情图即可。

2．店铺 Logo

店铺 Logo 就是在微店管理里显示的微店头像，排版君同样提供了很多店铺 Logo 的模板供大家选择。

1）点击排版君"店铺 Logo"，进入 Logo 模板列表，同样可以点击"筛选模板"缩小选择范围，这里选择与食品相关的 Logo，如图 4-9 所示。

图 4-9　店铺 Logo 模板

2）点击后进入模板编辑界面，其中"食"字是模板带出的样式，不能修改，点击图片，按照之前的方法，可以替换图片，完成后保存，如图 4-10 所示。

图 4-10　修改 Logo 模板并保存

3）保存后进入微店管理—微店头像，点击原来的头像图片，选择"从手机相册选择"，找到刚才制作的 Logo 图片，点击"选取"，Logo 就修改好了，如图 4-11 所示。

3．店铺招牌

店铺招牌是店铺预览中最上面的那张图片，是买家进入店铺最容易看到的地方，如图4-12所示。好的店铺招牌可以吸引用户并让其在店铺停留的时间更长些。

图 4-11　修改店铺 Logo

图 4-12　店铺招牌

1）点击排版君里的"微店店铺招牌"，进入店铺招牌模板列表，同样可以筛选模板缩小选择范围，如图4-13所示。

图 4-13　店铺招牌模板

2）选择"食品茶饮"行业，进入相关模板列表，点击其中的一个模板，进入编辑界面，如图4-14所示。

3）按照之前的方法，点击模板中的文字修改文字及文字样式，如图4-15所示。

4）点击模板中的图片修改背景图片，也可以使用原来的图片，编辑好后点击"完成"，长按保存图片至手机相册，如图4-16所示。

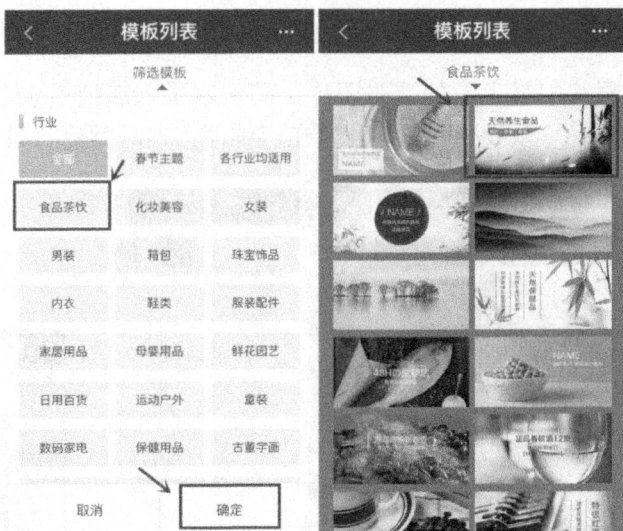

图 4-14　选择店铺招牌模板

图 4-15　修改模板文字及其样式

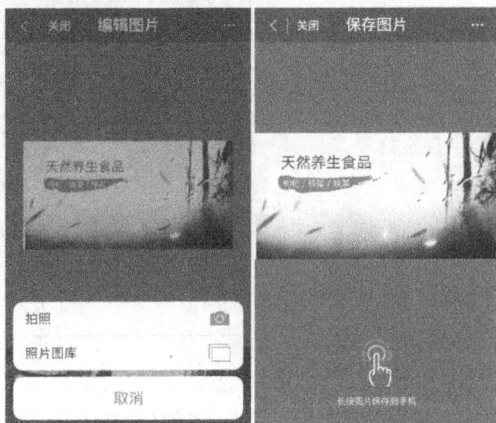

图 4-16　修改背景图片并保存

5）退出排版君，进入"微店管理"—"店铺装修"，点击店铺招牌图片，即显示"点击更换图片"的背景图， 点击"从手机相册选择"选择之前保存好的店铺招牌图片，更换后点击右上角"完成"，预览店铺效果，如图4-17所示。

图4-17　更换店铺招牌

4．微店轮播广告

微店轮播广告是以在店铺页面中插入广告图片的形式对店铺优惠商品、特殊商品等进行的广告宣传，可以让买家更好地了解店铺，而不是直接看到购物车的图标。

1）在排版君界面点击"微店轮播广告"，进入轮播广告模板列表界面，如图4-18所示。

图4-18　进入轮播广告模板列表界面

2）在轮播广告模板列表中选择适合的模板，或者点击上方"筛选模板"缩小选择范围，选择后点击模板进入编辑界面，然后更换模板中的文字、文字样式和图片，如图4-19所示。

图 4-19　编辑模板

3）修改之后点击右下角"去保存"，按照提示——"长按图片保存到手机"保存图片，效果如图 4-20 所示。

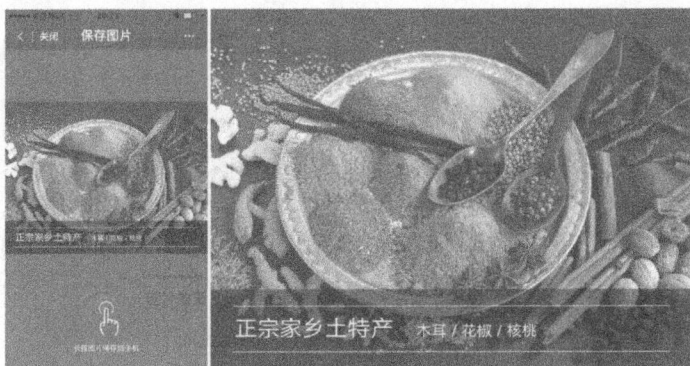

图 4-20　保存图片

4）回到微店管理，点击"店铺装修"，在店铺装修界面适当位置点击"插入"，如图 4-21 所示。

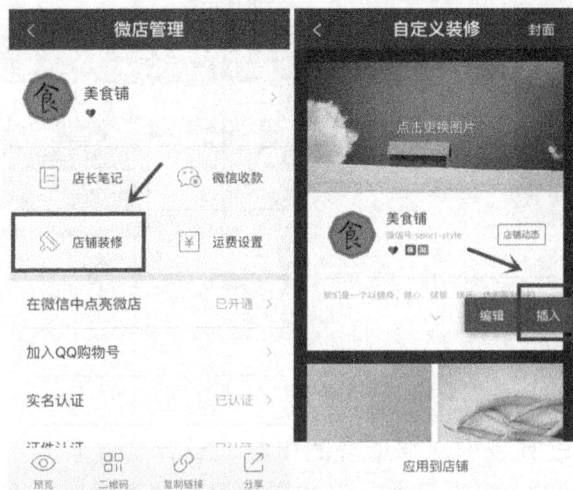

图 4-21　进入店铺装修界面

5）点击后出现"添加模块"，其中有导航、广告等多个模块，这里选择广告模块中的"大图广告"。当然，如果你制作了多张广告图，可以选择"轮播广告"，点击选中的模块，进入编辑广告界面，如图 4-22 所示。

图 4-22　添加广告模块

6）在广告 1 中，点击"+"号区域，在弹出的按钮中点击"从手机相册选择"，选择之前保存的轮播广告图片，点击后会回到编辑广告界面，如图 4-23 所示。

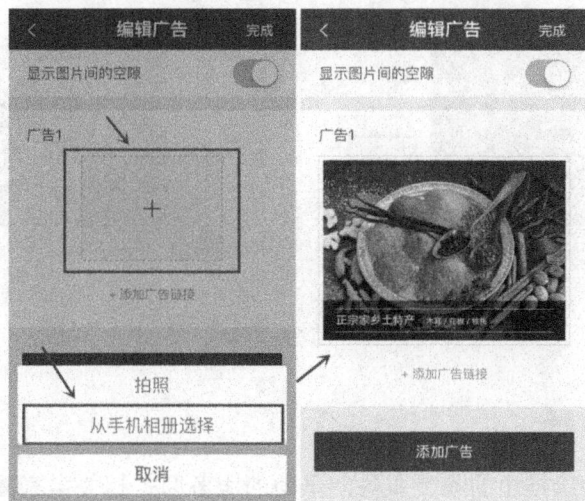

图 4-23　添加广告图片

7）编辑图片后还需要添加图片的链接，点击"+添加广告链接"，出现三种链接方式，卖家可根据需要自由选择，这里选择"分类链接"，进入分类列表，选择其中一个，这样一个广告图片就完成了，如图 4-24 所示。如果是并列多张图片，便可点击"添加广告"，继续添加下一张广告图片。

图 4-24　编辑广告

8）广告编辑完成后点击右上角"完成"，回到装修界面，如果没有其他修改，点击下方"应用到店铺"，提示应用成功后，点击"预览"可以查看修改后的效果，如图 4-25 所示。

图 4-25　完成广告图片装修

二、店铺图片处理

店铺图片处理是微店推出的收费服务，里面的服务商是相关卖家提供的服务内容。当卖家比较忙或者自己做不出更好的效果时，就可以在图片处理服务市场中选择购买服务。

点击服务界面中的"店铺图片处理"进入服务市场，在这里可以看到服务内容的标题、价格、销量、服务商，以及参加活动的标识，如图 4-26 所示。

例如，点击其中一个服务，进入该服务的详细介绍页面，买家可以从店铺主图右下角看到该服务的销量及收藏数，数字越大说明购买和关注该服务的人数越多。并且，买家在详情页中可以看到该服务内容的效果呈现和制作案例，如果认为不错，可点击下方客服与卖家沟通，确认卖家能满足自己的需求后再下单购买该服务，如图4-27所示。

图 4-26 店铺图片处理服务

图 4-27 购买服务

三、店铺装修服务市场

店铺装修服务类似于店铺图片处理服务，但是店铺装修服务的项目要比图片处理服务的项目多，图片处理仅仅是对某一张或多张图片进行处理，而店铺装修针对的是整个店铺的服务，比如店铺招牌（简称店招）、封面、轮播图、详情页等，在这里可以让服务人员设计一整套符合店铺风格的图片。

点击服务界面中"店铺装修服务"，进入服务市场列表，如图4-28所示。

图 4-28　店铺装修服务市场列表

点击需要的服务，查看详情页，买家同样可以在该页面向客服咨询、下单购买或先收藏等，如图 4-29 所示。

图 4-29　查看服务

四、真人实拍

真人实拍也是微店推出的收费服务项目，它不同于图片处理服务和店铺装修服务，是买卖双方直接沟通并完成服务。当你的产品需要有模特配合拍摄时，点击服务界面中的"真人实拍"，进入该项服务介绍页面，里面会介绍收费标准、拍摄标准等，如图 4-30 所示。

图 4-30　真人实拍服务

对于该项服务各个内容都了解以后，点击页面右下角的"我要下单"，进入下单页面，此时需要你认真填写拍摄需求，包括商品照片、商品名称、需要人数等，信息越详细、真实，越能找到符合要求的模特，填写完成后点击"下一步"，按照提示完成操作即可，如图 4-31 所示。

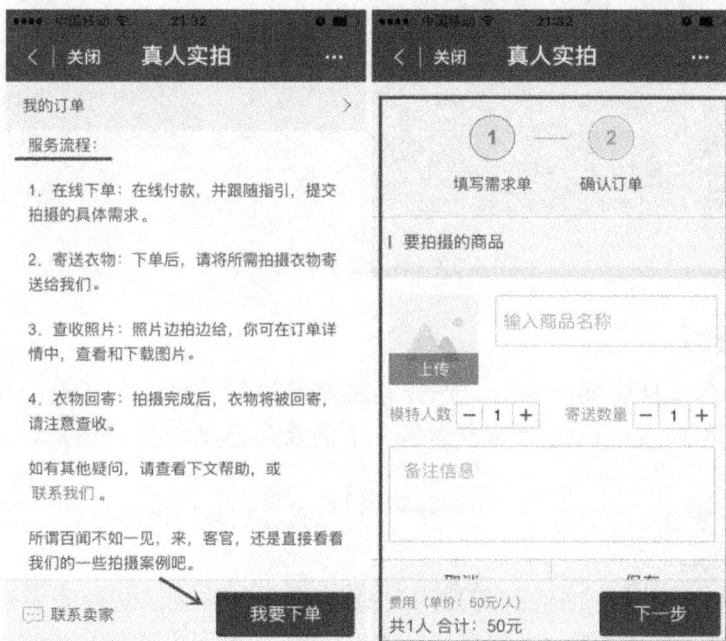

图 4-31　真人拍摄服务下单

模块二　微店货源

选择一个好的货源无疑会给店铺带来很高的产品保障，而微店自带货源渠道，卖家可以选择分销代理或者加盟品牌店铺，这为卖家，尤其是初创的微店卖家带来了很大的便利。

滑动微店到第二个界面，点击"货源"，进入货源界面，如图4-32所示。

图4-32　进入微店货源界面

一、寻找货源

卖家可以结合自身店铺的定位，选择相关产品进行分销，如果是分销代理的商品，可直接将商品图片放入自己的店铺中销售，不需要自己制作任何图片，只需推广，利润来自佣金。

1）点击我要分销界面中的分类"更多"，可以查看到各种商品分类，这里选择"美食"类，如图4-33所示。

2）进入美食界面后可以看到各种可以分销的美食商品，从列表中还可以看到该商品的售价、利润和在售人数等，点击其中一个便可进入该商品的详细介绍页面，如图4-34所示。

图 4-33　选择分类

图 4-34　选择并查看商品

3）经综合考虑后，如果觉得这个商品不错，便可点击右下角"我要代理"，提示"代理成功"后，便可以开始分享推广该商品，如图 4-35 所示。

图 4-35　代理分销商品

4）退出货源界面进入商品界面，可以查看到该分销的商品已在出售中，如图 4-36 所示。

图 4-36　查看代理分销商品

二、品牌店铺

微店货源中有很多品牌提供商，你可以代理分销这些品牌里的单品，也可以全店分销该品牌，不管选择哪种方式，该项服务都是完全免费的，利润来自佣金。

1）点击货源界面上的"找品牌"，进入品牌货源界面，这里也有分类供筛选，可以尝试点击其中一个品牌分销商，如绿色生活食材社，如图 4-37 所示。

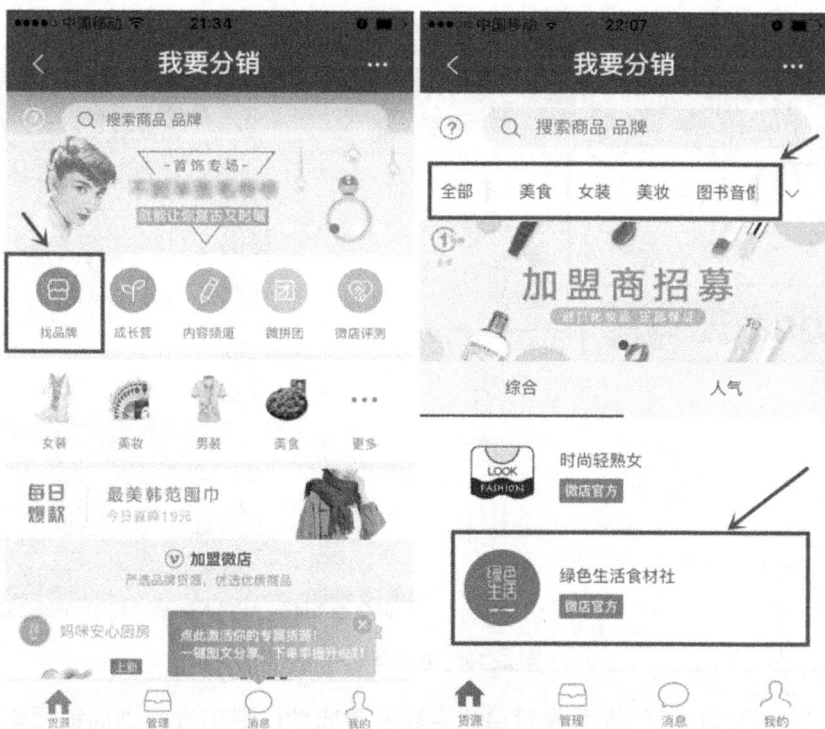

图 4-37　进入品牌店铺

2）这个店铺里面的商品非常多，如果做单品代理的话，点击其中一个分类，如绿色水果，进入后可以选择喜欢的单品代理，如图 4-38 所示。

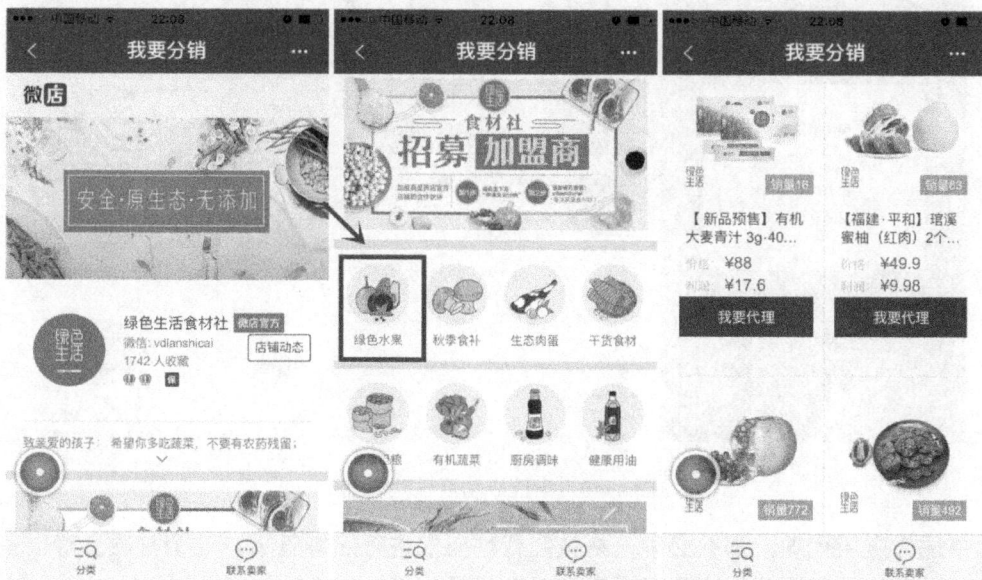

图 4-38　代理品牌店铺的单品

3）如果你想全店分销该店铺的商品，那么可以向该店提交申请，直接代理整个店铺，点击店铺中的"申请全店分销"，按提示完成申请步骤即可，如图4-39所示。

图4-39　申请全店分销

4）出现"申请成功"的提示表示申请全店分销成功，退出并回到店铺预览，可以看到店铺首页头像名称旁边标注"加盟"二字，店铺内也完全显示此品牌的商品，如图4-40所示。

图4-40　申请成功后预览店铺

如果选择全店代理，那么必须严格按照代理要求进行店铺管理，这个时候会有很多限制要求，所以卖家一定要根据实际情况有选择地代理。

与找品牌并列的还有成长营、内容频道、微拼团、微店评测等，卖家可以分别点击进去查看或学习，有些促销的商品也可以代理，比如微拼团。

三、管理分销商品

管理分销商品即管理所代理分销的商品。点击"管理"进入管理界面，便可以对所代理的商品进行批量管理，如图 4-41 所示。

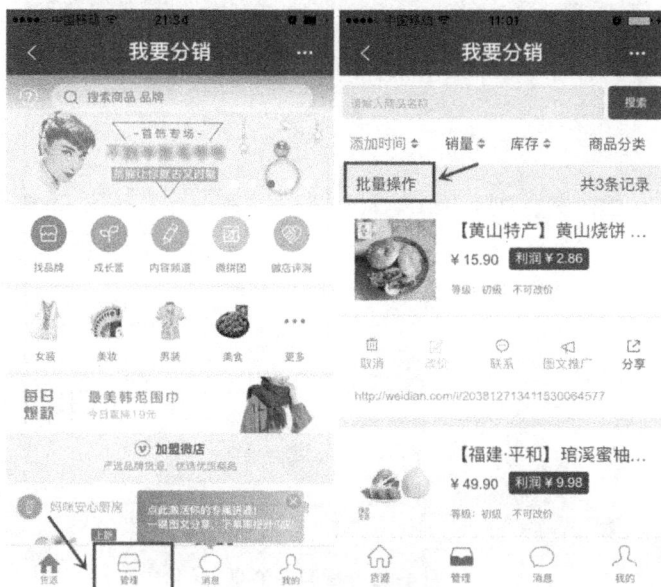

图 4-41　管理分销商品

选择需要管理的商品，可改价或取消代理。这里要注意的是，初级卖家不可改价，如图 4-42 所示。

图 4-42　批量管理

注意，如果是全店分销品牌店铺的商品，那么是不能删除商品的，也不能代理其他商品。

四、消息公告

消息公告一般展示的是你所关注或代理的店铺的动态信息。点击货源界面中的"消息"，进入消息界面，如图4-43所示。

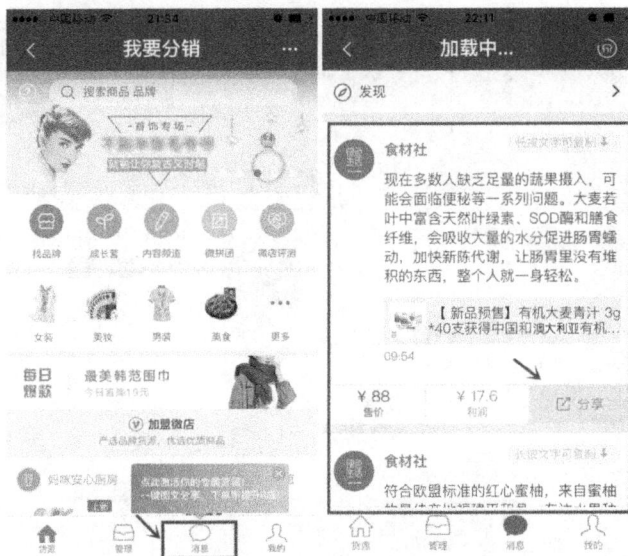

图4-43　货源—消息

在消息界面中，你可以分享所代理店铺发布的消息，这样有利于促进商品销售；或者复制文字，放到自己的店铺笔记或其他地方。

五、我要分销

如果你有不错的商品并且能稳定供货，那么也可以发展自己的分销团队。操作如下：点击货源界面下方"我的"，进入我要分销界面，完善相关信息，点击其中的"功能试用"，阅读相关须知后，点击"点击申请试用"，如图4-44所示。需要注意的是：成为供应商后你就不能再分销别人的商品了。

图4-44　申请成为供应商

微店统计与收入

　　店铺数据是一个店铺经营状况的直接反映，在店铺开张后，我们应当密切关注店铺的各项数据，比如店铺访客量、订单数量、收入明细等。只要数据不断刷新，那么这个店铺的经营状况就不会太差。本单元着重介绍微店统计与收入相关的数据查看、分析及基本操作等。

知识目标

1. 学会分析店铺基本数据。
2. 掌握店铺访客、订单、金额统计及分析方法。
3. 掌握对"我的收入"的分析方法。

技能目标

1. 能够进行微店统计的相关功能操作，完成查看访问统计、订单统计、金额统计等操作。
2. 根据实际条件，完成绑定银行卡操作。

素养目标

1. 树立严谨认真的工作态度，提高学生团队协作能力。
2. 引导学生养成基于数据进行有逻辑地分析的职业习惯。

模块一 微店统计

微店统计是微店自带的数据统计工具，供卖家观察店铺数据。卖家可以定期对数据做分析，针对商品的购买率、店铺访问量分析哪种推广更有效、哪种商品比较畅销。

点击微店界面"统计"进入统计界面，首先展示的是综合数据，如图5-1所示。

图5-1　微店统计综合数据

（1）昨日浏览　即店铺昨天到访人数的统计，包含访问店铺首页、浏览店铺商品的人数等。

（2）总浏览量　即开店以来店铺所有的到访人数统计。

（3）收藏　即店铺或商品被收藏的数量。

（4）赞　即店铺商品、店长笔记等被点赞的数量。

以上数据是店铺运营中最常需要分析的数据，经过分析这些数据，可以准确掌握微店访客的数量。卖家可通过微店访问量来进行店铺SWOT分析，有针对性地推出一些引流活动，使交易量最大化，让数据尽快增长。

一、访客统计

店铺访问人数是一家微店的经营基础。一家访问量很高的店铺，即便成交量不高，至少也说明了商品或活动很吸引人，只是在细节的打磨上还不够。但如果连访问量都很低，那就有问题了。

通过微店访客统计可以查看微店概况，这里有多项经营的关键指标，如商品浏览量、货架浏览量、店铺访问人数等。通过对这些数据进行统计，卖家可以掌握微店每天的热度变化并及时做出应对方案。

点击统计界面中的"访客"，进入访客统计界面，切换上面的"7日"和"30日"，可以查看近7日或近30日的访客趋势及明细，如图5-2、图5-3所示。

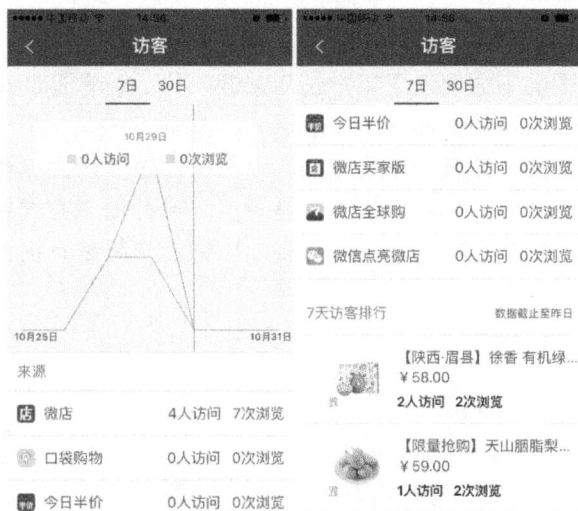

图 5-2　微店近 7 日访客统计

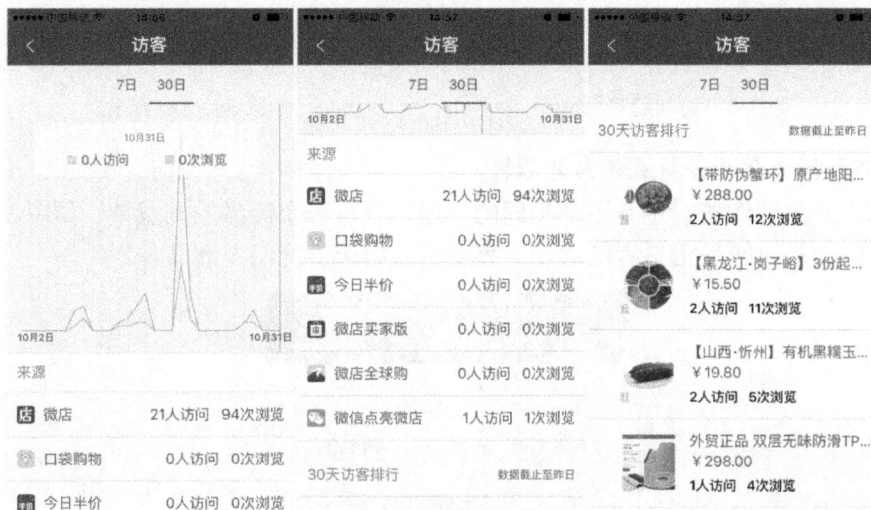

图 5-3　微店近 30 日访客统计

1. 店铺访问峰值和谷值

微店不仅展示数据，还会生成访问趋势图，如图 5-4 所示，卖家通过查看趋势图对店铺访问量的变化有一个更直观、形象的把握。

从图中可以看出，店铺访问人数有时高有时低，形成峰值和谷值。

（1）访问峰值　当店铺访问量较高时，在趋势图中呈山峰状，即为访问峰值，此时卖家要分析一下原因，是因为新品上架、促销活动还是恰逢节假日，找到原因就能够知道商品或活动是否吸引人。

（2）访问谷值　当店铺访问量明显滑落时，在趋势图中呈低谷状，即为访问谷值，此时就要果断采取措施，加大优惠力度、宣传力度，或者是用新品吸引眼球，不要坐以待毙，任由微店的热度冷却。

2．店铺访问来源

微店访客统计趋势图的下方展示了用户访问来源，比如访客是通过微店、口袋购物、今日半价或其他的渠道来到店铺的，如图 5-5 所示。

不同的推广方式引来的人流量也不尽相同，卖家可通过分析人流量的来源来了解大部分客户来自哪里，使用哪种推广方式获得的人流量最多，哪种推广方式效果不佳，从而选择今后主推的推广方式。推广方式选择得恰当，对增加店铺的交易量有很大的帮助。

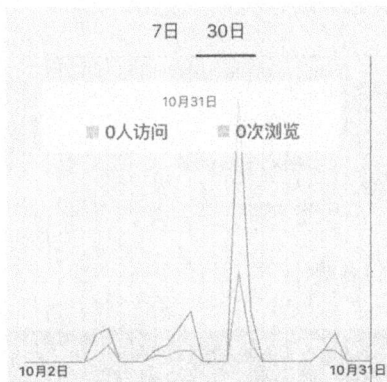

图 5-4　访问趋势图

图 5-5　访客来源

3．商品访问数据及分析最终离开原因

店铺每个商品的浏览量也是不尽相同的，通过查看每个商品的浏览量，如图 5-6 所示，可以看出哪些商品比较受消费者的欢迎，哪些商品属于"冷门"商品。

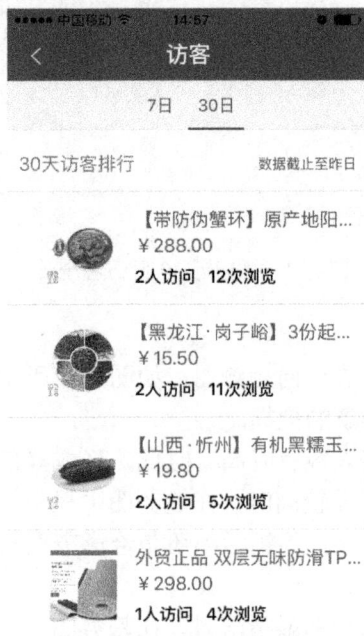

图 5-6　商品访问数据

对于比较受消费者欢迎的商品，不必做很多宣传，保证数量能够满足消费者的消费需求即可。

而对于"冷门"商品，可以采取优惠政策或加大宣传力度来刺激消费，利用这些商品的折扣或宣传来为店铺带来更多的人流量。

同时，对于消费者浏览商品或询问相关信息后，最终却一声不响地离开了的情况，卖家不能听之任之，而是要仔细分析其离开的原因，否则，只会有越来越多的客户看一眼商品后就离开。

4．店铺访问数据和排名

每日浏览店铺的人数都是不可控制的，但是这些数据却对分析店铺排名有非常重要的意义。因此，要通过分析来把这些不可控制的数据变成可以掌控的数字。

首先，每天记录页面的访问量，坚持两个周期，每个周期可以是一周，也可以是一个月，可通过两个周期的数据分析，来判断排名名次。

店铺排名在微店管理后台无法查看到，但是在微店卖家版等界面中可以通过店铺位置来查看，店铺的排名名次会直接影响店铺的成交量。因此，可以通过对排名的掌握来判断交易数量。

二、订单统计

店铺订单是一家微店能够长久经营的保障，一家店铺经营状况如何，可以从订单数据中直接反映出来。如果订单数据活跃，说明该店铺经营状况良好，反之则需要调整店铺经营思路，查找原因。

微店订单统计是可以查看店铺多项经营的关键指标，比如商品成交量、商品成交来源、商品成交排行榜等。通过这些数据，卖家可以掌握微店每天的订单变化并及时做出应对方案。

点击统计界面中的"订单"进入订单统计界面，切换上面的"7 日"和"30 日"，可以查看近 7 日或近 30 日的订单趋势及明细，如图 5-7 所示。

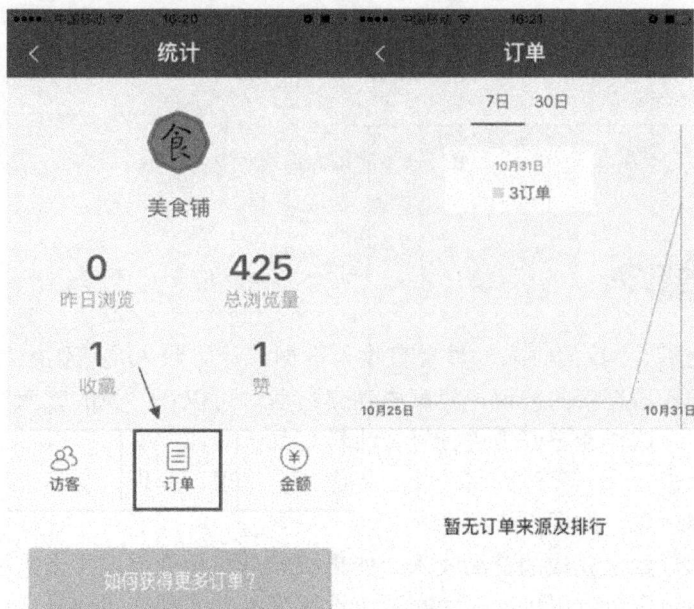

图 5-7　店铺订单统计

（1）订单趋势　订单趋势根据每日订单数量变化形成订单趋势图，同样可以通过峰值和谷值来分析订单数据。

（2）订单来源　订单来源即订单来源平台，如微店买家版、口袋购物等。通过订单来源可以分析从哪个渠道获得用户最直接。

（3）商品排行榜　成交量越大的商品排名越靠前，卖家通过排行榜可以分析该商品的成交原因，比如是因为近期做的活动还是赶上节日等。

三、金额统计

金额统计是微店订单成交的金额数据统计。通过金额统计可以查看店铺金额变化趋势、金额来源等，如图5-8所示。卖家通过金额变化可以分析每日盈余状况。

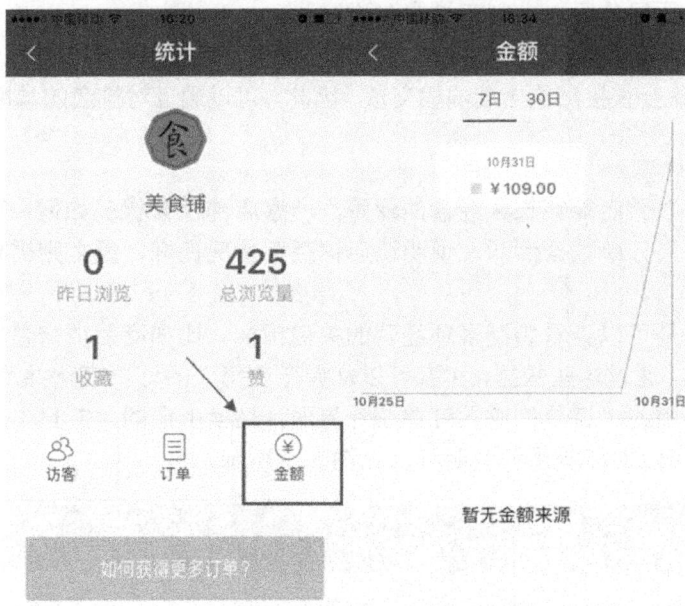

图5-8　店铺金额统计

模块二　我的收入

微店商品成交后，"我的收入"里会有收入数据统计。收入是店铺维持运营的必要经济来源，也是经营好坏最直接的表现。卖家成功交易后，可以在"我的收入"里申请提现，将资金提现到银行卡，这样能更好地进行资金流转。

在微店界面点击"收入"进入我的收入界面，会呈现可提现、交易中、已提现、我的银行卡、收支明细等信息，如图5-9所示。

其中可提现部分为已完成的交易收入。如果买家是担保交易，那么需要过了担保时间，才能算已完成交易，资金方可提现。卖家可以设置为手动提现或自动提现，自动提现即过了担保期，微店自动提现到你绑定的银行卡，如图5-10所示。

图 5-9 我的收入

图 5-10 我的收入—可提现

一、交易中

交易中的收入即正在进行的交易，这笔资金暂时还不能提现，但可以反映你未来的收入，也是对店铺经营收入的一项预测。

点击"我的收入"界面上的"交易中"进入交易中收入明细界面，这里包含自营和分销。自营就是自己上传到店铺销售的商品的收入情况，分销即在货源中代理的商品的收入情况。如果你是全店分销，那么主要查看分销及你获得的佣金收入，如图 5-11 所示。

图 5-11　我的收入—可提现

二、已提现

已提现即店铺历史已提现金额，反映你过去的收入状况。点击"我的收入"—"已提现"，可以查看已提现明细，如图 5-12 所示。但是由于微店不断升级，旧版中的提现可能不显示了，所以这里显示的记录可能不全。

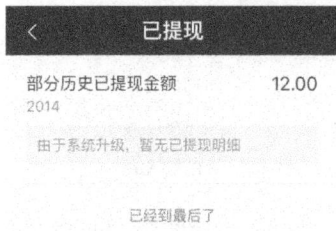

图 5-12　我的收入—已提现

三、绑定银行卡

只有绑定了银行卡，微店收入才能提取出来，所以在微店开启的时候就可以绑定银行卡。这里需要注意的是，用户最好绑定已开通网银的银行卡，以便于网络存取。

点击"绑定银行卡"进入我的银行卡界面，如图 5-13 所示。

如需更换银行卡，点击界面上的"更换银行卡"进入重新绑定界面。如果是首次绑定，也会出现需要输入银行卡信息的界面，卖家需输入开户银行，如中国银行、中国农业银行等信息。储蓄卡卡号，即卡面上长串银行卡数字，最好绑定以 62 开头的银行卡。重复输入一遍是为了确保银行卡信息无误，如图 5-14 所示。

四、收支明细

收支明细即你在微店中的收入细节。点击我的收入界面中的"收支明细"，进入收支明细界面，包含全部、收入、支出、冻结/解冻四个板块，如图 5-15 所示。

图 5-13　我的银行卡

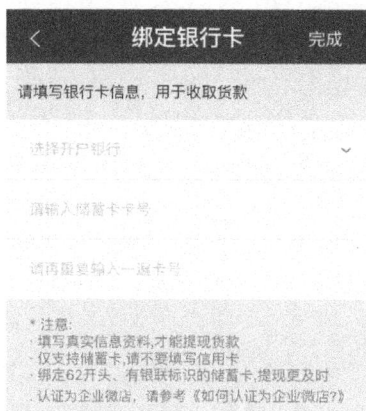

图 5-14　输入银行卡信息

图 5-15　收支明细

（1）全部　全部包括店铺收入、支出、冻结/解冻几项的明细。

（2）收入　即你的收入，如商品成交的收入、分享赚钱的收入等。

（3）支出　即你所花出去的钱，如推广中给他人的佣金、公众号推广的费用等。

（4）冻结/解冻　即产生争议的款项，如出现买家投诉等情况时，资金会被微店冻结，等妥善处理后，微店解冻资金后卖家方可提现。

第六单元

微店营销与推广活动

微店开业后，除了日常维护，还需要开展各式各样的营销与推广活动，让店铺数据"跑"起来，这样才是一个真正"活"的店铺。为此，微店自身提供了许多营销活动，可以帮助卖家吸引买家到店浏览并下单。卖家若能好好利用这些营销推广活动，对店铺的长期经营是非常有帮助的。本单元就来学习一下微店都有哪些营销与推广活动。

知识目标

1. 熟悉微店自带的营销活动内容。
2. 熟悉微店自带的推广活动内容。

技能目标

1. 能够通过团队协作完成微店营销活动的操作。
2. 能够通过团队协作完成微店推广活动的操作。

素养目标

1. 培养学生在营销推广活动中遵守诚实守信等职业道德。
2. 提升学生沟通表达能力，提高学生团队协作能力。

模块一　微店营销活动

微店营销活动是微店自带的活动，卖家可以在自己的店铺开展这些活动。这些活动有免费的也有付费的，活动类型有包邮、满减、打折等。卖家在不同的时期可以根据市场热点设置合适的活动，适时地做一些活动能够有效地带来店铺浏览量及订单数。

点击微店界面中的"推广"进入微店推广界面，该界面下有多种活动方式，如图 6-1 所示。

图 6-1　微店推广

一、满减活动

满减活动是比较常用的网店推广活动之一。顾名思义，就是当买家购物金额达到一定的数量时，卖家给予一定的折扣。比如满 100 减 10 元，这个活动可以刺激买家在店内购买更多的商品，提高销售总额。

1）点击推广界面中的"满减"图标，进入满减优惠界面，点击下方的"新建满减活动"，可以设置新的满减活动，如图 6-2 所示。

图 6-2　满减活动

2）点击后进入活动设置界面，输入活动名称。设置活动名称是为了区别于其他活动，卖家设置活动名称的时候最好根据活动主题来设置，这样便于查找和区分。选择"开始时间"及"结束时间"，设置满减金额，如果层级比较多，可以点击"添加下一级"，增加多个满减级别，如图6-3所示。

图6-3　设置满减活动

3）设置好之后点击下方的"完成"按钮，提示"满减优惠添加成功"，回到满减优惠界面，会显示最新设置的活动，并提示是否已开始，如图6-4所示。

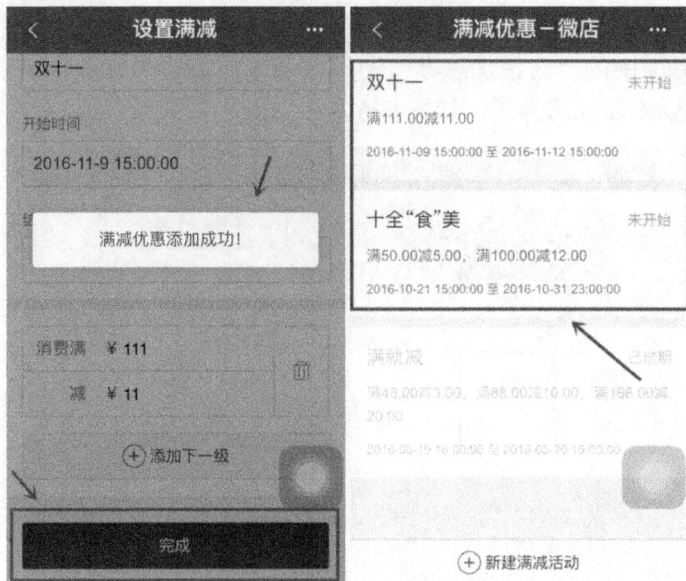

图6-4　满减活动设置成功

4）当活动开始后，回到预览店铺状态，可以看到设置成功的满减活动。买家进店后，可以第一时间看到该店铺的活动，如图6-5所示。

图 6-5　预览店铺活动

二、店铺优惠券

店铺优惠券是卖家发放优惠券形式的优惠活动，当买家领取优惠券后，在店内购物时达到消费要求可以抵扣等同优惠券券面金额。需要注意的是，该优惠券需要买家先领取，在活动有效期内使用才生效。这样不但可以促进买家尽快决定购买，还能让其在店内多购买。同时，买家领取了你的优惠券，说明他对你店铺内的商品感兴趣，是一个潜在客户，卖家需要重视和引导。

1）点击推广界面中的"店铺优惠券"图标，进入店铺优惠券界面，点击上面的"添加店铺优惠券"就可以添加优惠券了，如图 6-6 所示。

图 6-6　店铺优惠券

2）点击后进入添加店铺优惠券界面，在这里设置活动的基本信息及相关内容，如图6-7所示。

① 券的面额：即优惠券的金额，也就是买家领取后可以抵扣的消费金额。

② 订单下限：即可以用券的最低订单金额，只有买家在本店购买的商品达到这个金额，优惠券才生效。

③ 券的库存：即可被领取的总券数，建议数量设置得大一些，但也需结合店铺实际经营状况。

④ 领券限制：即每人限领张数，超出后不能领取。

⑤ 在店铺中公开领取：按钮点亮则优惠券展示在店铺首页，不点亮则不显示，需要卖家自行发放给买家。建议点亮此按钮。

⑥ 展示已领完的券：按钮点亮则已领完的券也会显示在店铺首页，已领完的券显示是灰色的，这里默认不点亮。

⑦ 分享文案：用来分享给其他人时显示的文字，卖家可以根据活动主题或者优惠力度来设置。

⑧ 附加信息：这里有一项附加信息，就是"支持加入微信卡包"，按钮点亮表示支持，则微信用户领取后便可以在微信—"我"—"卡券"中查看到该优惠券。

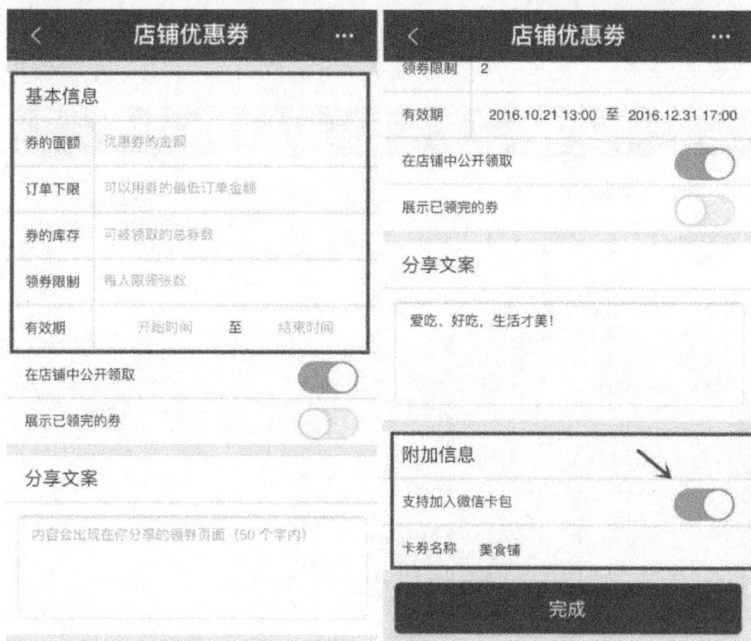

图6-7　设置店铺优惠券

3）设置后点击下方的"完成"按钮，会提示"优惠券创建后无法修改只可删除，确认提交"，这时卖家可以再检查一下优惠券是否设置正确，确认无误后点击"确定"即可，如图6-8所示。

4）返回优惠券界面，会显示刚才设置的优惠券，点击该优惠券，可以查看该优惠券的相关信息。同时，卖家还可以分享该优惠券到微信朋友圈或将其发送给好友，让他们积极参与活动，如图6-9所示。

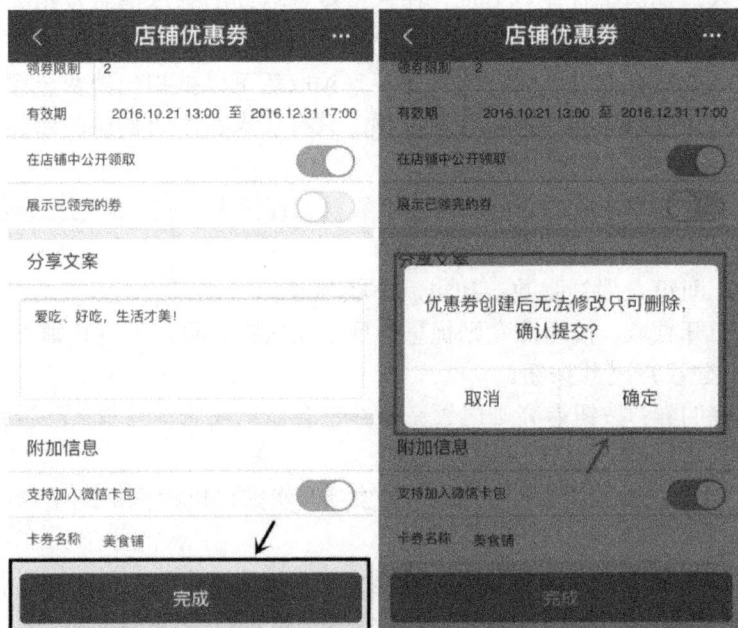

图 6-8　设置后提交

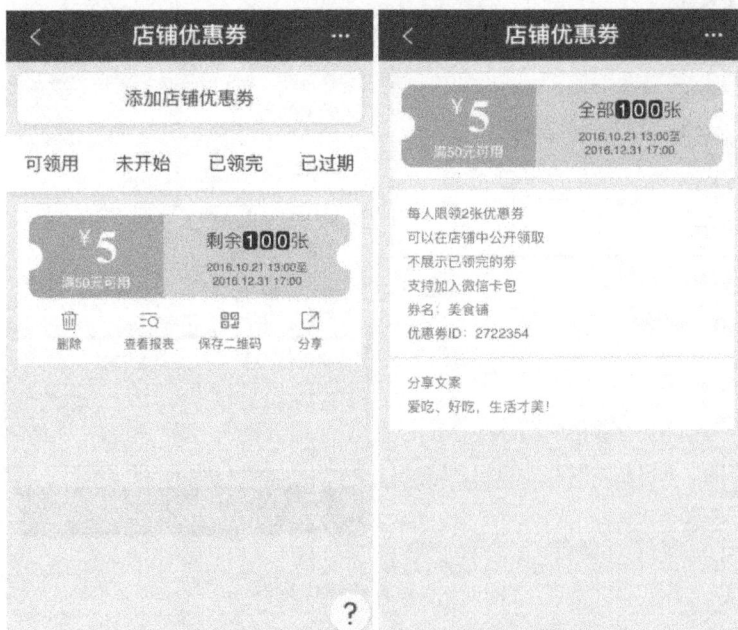

图 6-9　查看店铺优惠券

5）预览店铺，可以看到该优惠券展示在店铺首页，点击优惠券，会提示"成功添加到'订单中心'—'我的优惠券'"并显示有效期，点击"确定"，即成功领取了该优惠券。返回到店铺优惠券中，可以看到该优惠券的数量减少了，如图6-10所示。

图 6-10　领取店铺优惠券

三、限时折扣

限时折扣即在卖家设置的活动时间内，购买某商品可以享受折扣，折扣活动不像优惠券那样需要领取，这个活动人人都可以参与，有助于激发陌生客户的购买欲望。

1）点击推广界面中的"限时折扣"图标，进入限时折扣界面，点击右上角的"添加"即可添加活动，如图 6-11 所示。

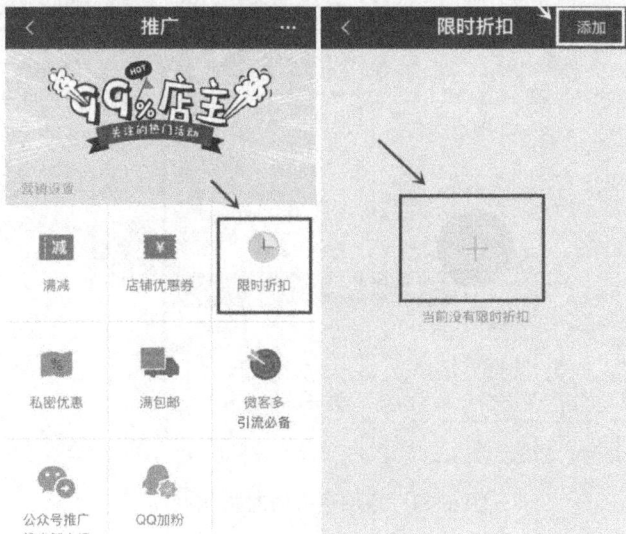

图 6-11　限时折扣

2）点击添加后进入选择折扣商品界面，这里会列出店铺所有在售商品，点击其中一个，输入折后价格（即最终售价）、开始和结束时间、是否限购，是否限购按钮如果点亮则输入限购数量，默认不点亮，即可以按折扣价格随意购买，设置后点击右上角的"完成"即可，如

图 6-12 所示。

图 6-12　设置限时折扣商品

3）设置完成之后回到限时折扣界面，此时显示折扣商品及折扣力度，如果还有其他商品参加该活动，则继续点击右上角"添加"，选择新的商品并设置折后价格等，完成后回到限时折扣界面，显示已有活动的商品，如图 6-13 所示。卖家可以按此方法逐一添加更多商品。

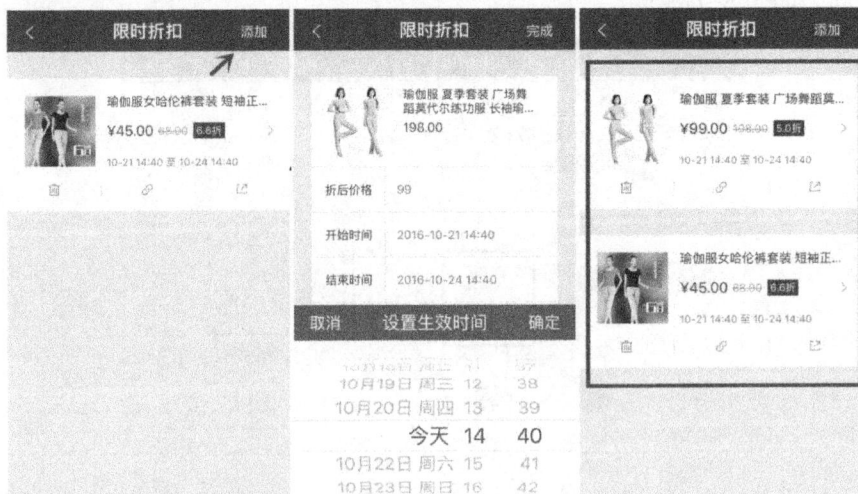

图 6-13　添加更多限时折扣商品

四、私密优惠

该活动是不对外公开的，只能通过卖家分享才能找到该活动，一般只发给好友和特别的买家。

1）点击推广界面"私密优惠"进入活动界面，点击右上角的"添加"即可进入活动设置界面，如图 6-14 所示。

图 6-14 私密优惠

2）添加私密优惠界面比较简单，包含三部分：折扣、生效时间、结束时间，如图 6-15 所示。在原商品售价的基础上乘以折扣数，即为折扣后商品价格，如商品价格是 50 元，折扣设置为 9.5 折，那么好友使用折扣后该商品价格为 50 元×0.95=47.5 元。

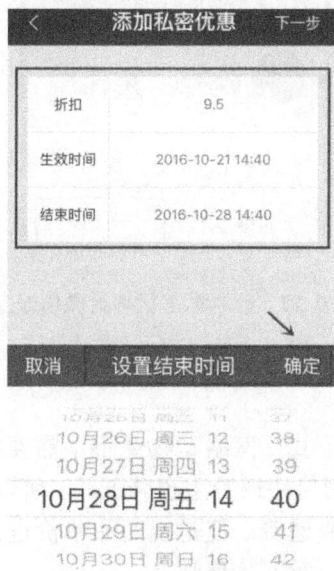

图 6-15 设置私密优惠

3）添加完成之后提示"把优惠发给买家"，并且显示各种推广方式，卖家在发送之前可以先预览优惠，确保无误再分享出去，点击"完成"回到私密优惠界面。如果第一次完成时没有分享，在这里卖家点击"优惠"也会弹出分享界面，继续分享即可，如图 6-16 所示。

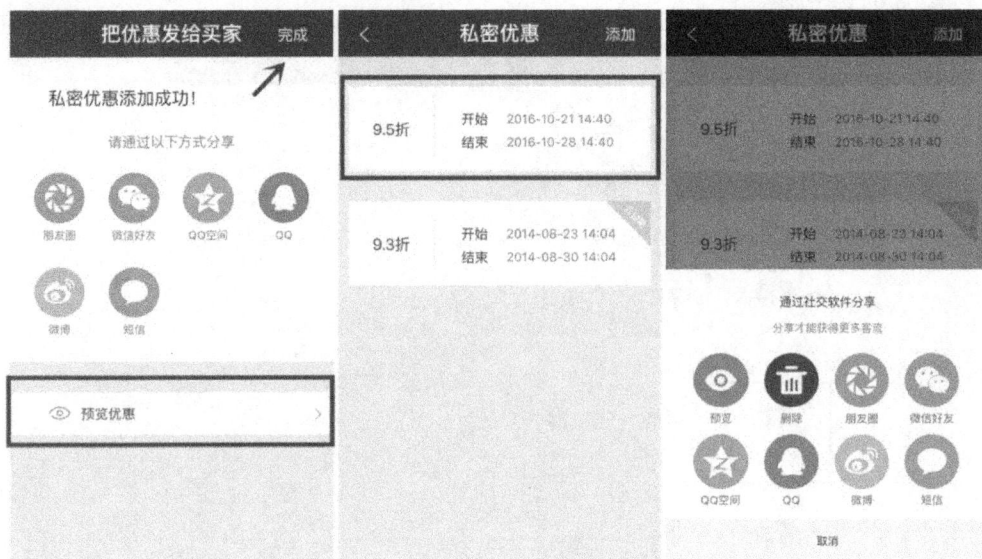

图 6-16　私密优惠设置完成

4）点击将私密活动发送给微信好友，进入微信界面，选择好友后，弹出发送提示，如图 6-17 所示。

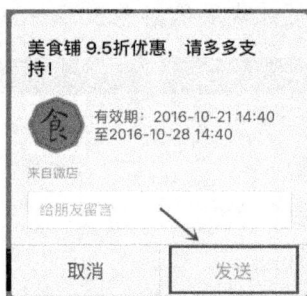

图 6-17　分享私密优惠给微信好友

五、满包邮

满包邮也是比较常用的活动形式，网络购物免不了需要快递，随着购物的需求量增加，卖家发货量增多，跟快递公司签约后快递费用也降低了，所以现在网购基本上都是卖家包邮。有时卖家会提高商品单价而免收快递费，但是当商品单价过低无法达到包邮的要求时，可以设置满包邮，即购物满一定金额，卖家才包邮。

1）点击推广界面的"满包邮"图标，进入满包邮活动界面，点击"创建"即可创建满包邮活动，如图 6-18 所示。

需要注意的是：满包邮活动是可以和其他活动同时进行的，当买家订单金额达到后既可以享受折扣优惠等，也可以参加包邮活动。

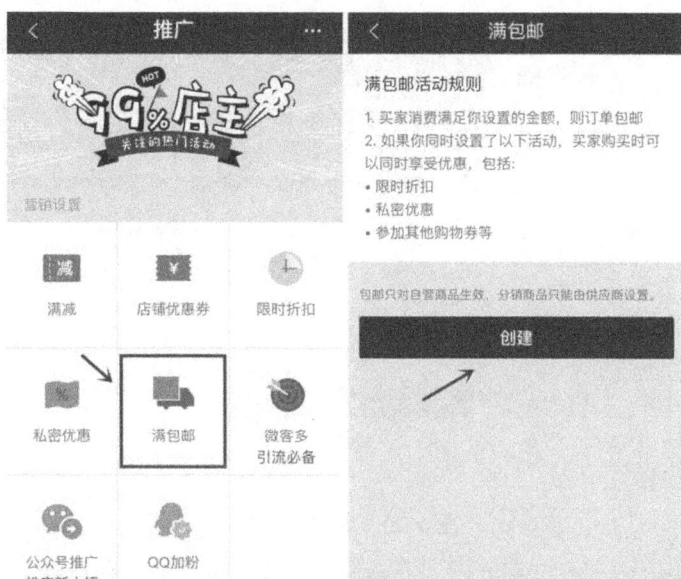

图 6-18　满包邮活动

2）点击"创建"后进入设置界面，在"消费满"后面输入相应的金额即可，设置这个金额后，在本店内消费只要达到或超过这个金额，才可以享受包邮，如图 6-19 所示。

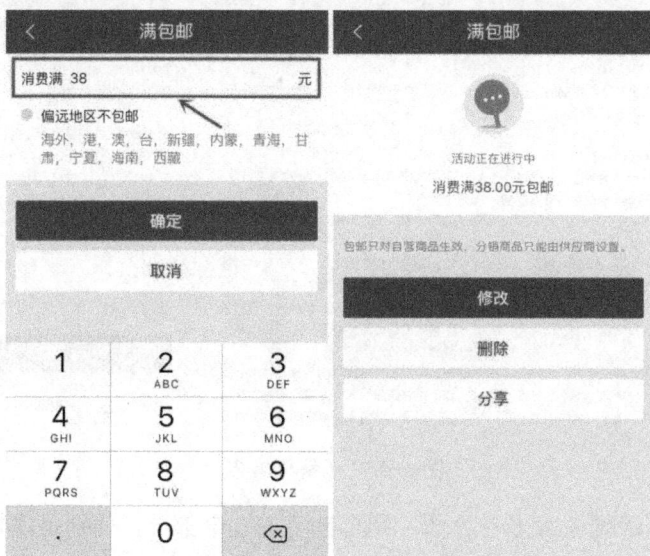

图 6-19　设置满包邮金额

六、微客多

微客多是微店推出的一款收费服务，只有开通担保交易和设置了主营类目的店铺才能开启该服务，并且卖家充值活动才能生效。

1）点击推广界面中的"微客多"图标，首次进入达到要求后，可点击"我要入驻"进入微客多界面，如图 6-20 所示。

图 6-20　入驻微客多

2）首次使用微客多时最好先了解一下微客多，点击"微客多"界面上方的"【推广秘籍】流量多的秘密，点这里"可了解微客多。这里详细地介绍了微客多及其推广渠道等，如图 6-21 所示。

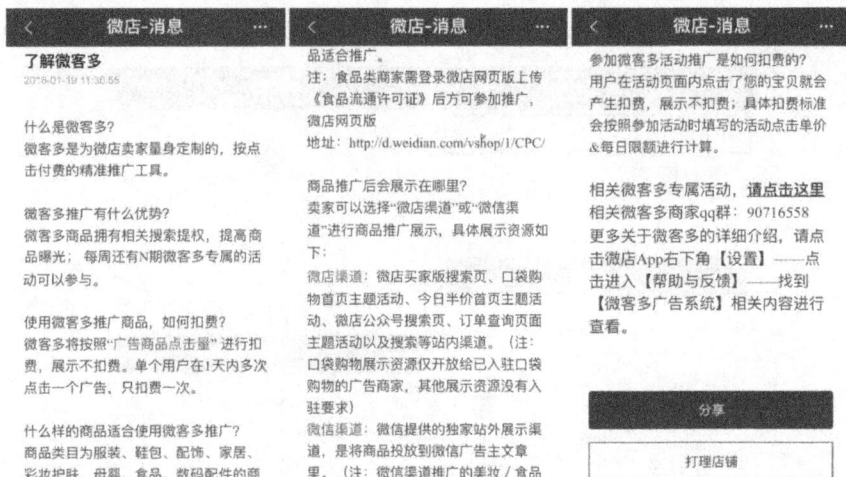

图 6-21　了解微客多

了解微客多后，回到微客多首界面，界面包含了五个部分，分别是账户充值、商品推广、活动报名、加粉推广和我要上公众号。

（1）账户充值　因为微客多活动是付费推广的，所以卖家需要先充值才能进一步进行推广，一般充值金额在 200 元以上，因为后期的活动预算限额在 200 元以上。如果账户余额为零，则点击"充值"，进入充值界面，卖家可以自行选择充值金额或点击其他金额输入想要充值的金额，如图 6-22 所示，设置后点击"立即充值"跳转到支付界面，按提示操作即可。

（2）商品推广　商品推广是针对某一商品而单独进行广告投放，是一般店铺为了打造爆款或热卖单品而常使用的推广手段。商品推广是按点击收费的。

1）点击微客多界面中的"商品推广"进入商品推广界面，点击下方"新建商品推广"

进入新建界面，如图 6-23 所示。

图 6-22　微客多账户充值　　　　　　　图 6-23　新建商品推广

2）设置推广计划名称和每日限额，限额最低是 200 元，然后选择投放的起始及结束时间；投放时段，即每天的什么时间段展示广告；投放渠道，分微店渠道和微信公众号，微店渠道即微店买家版可见，微信公众号即微店自己的公众号上可见；投放地区即目标消费者所在区域，设置后点击下一步，如图 6-24 所示。

图 6-24　设置商品推广基本信息

3）进入商品列表界面，这里展示所有在售商品，点击选择其中一款，选择商品的时候尽量选择价格较低、优惠力度大，或者比较有代表性的商品。点击后需要设置投放素材，如果没有可以点击"制作推广商品素材"（素材尺寸为 582×166px，并小于 30KB），如图 6-25 所示。

图 6-25 选择推广商品

4）微店自带模板素材，卖家可以很轻松地完成推广素材的制作，操作方法和之前讲到的排版君一样，修改完成后保存图片到手机，并回到添加推广商品界面，点击更换上传刚才制作的素材，如图 6-26 所示。

图 6-26 制作并设置投放素材

5）最后设置"点击单价""用户性别"和"用户年龄"，设置后点击"完成"，提示"推广商品添加成功"，返回列表可以看到该活动，如图 6-27 所示。

（3）活动报名 这里的活动是微店官方推出的活动，点击进去会看到很多活动，卖家可以找到适合自己的活动。点击后进入活动报名界面，里面有详细的活动介绍和活动时间、报名条件等。如果符合要求，点击"立即报名"并按提示完成相关设置即可，如图 6-28 所示。

图 6-27　完成添加

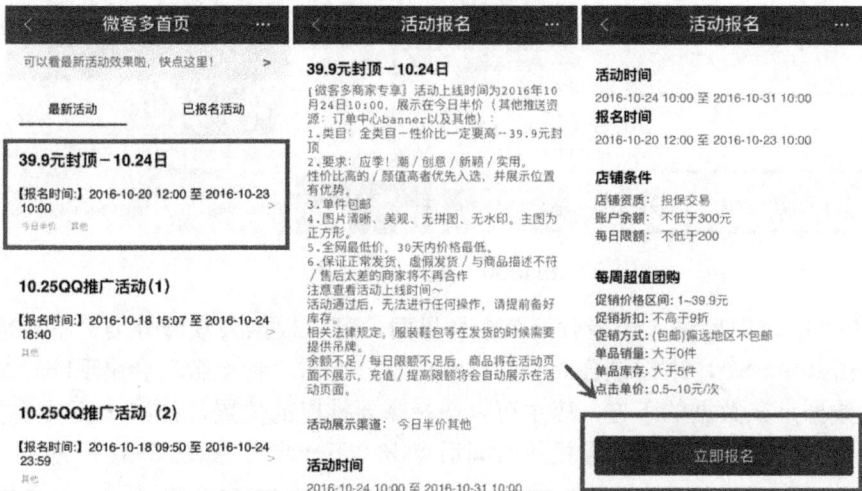

图 6-28　活动报名

（4）加粉推广　加粉推广不是所有店铺都可以参与的，只有符合要求的店铺才能开通 QQ 购物号，只有开通 QQ 购物号的店铺才能参与该活动，如图 6-29 所示。

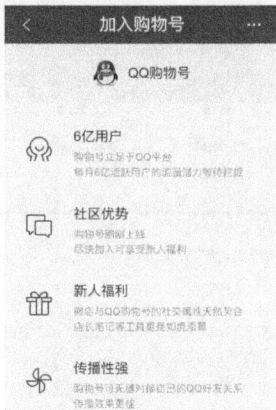

图 6-29　QQ 购物号

（5）我要上公众号　我要上公众号是微店联合众多用户量较大的微信公众号推出的引流平台，各微信公众号根据不同的分类、价格和粉丝数量可以满足不同的微店店长需求。

1）点击"我要上公众号"进入相关界面，新手可以先查看一下公众号推广攻略和笔记案例，详细了解微店公众号推广的内容和流程后，点击"新建推广，帮你上公众号"进行推广设置，如图6-30所示。

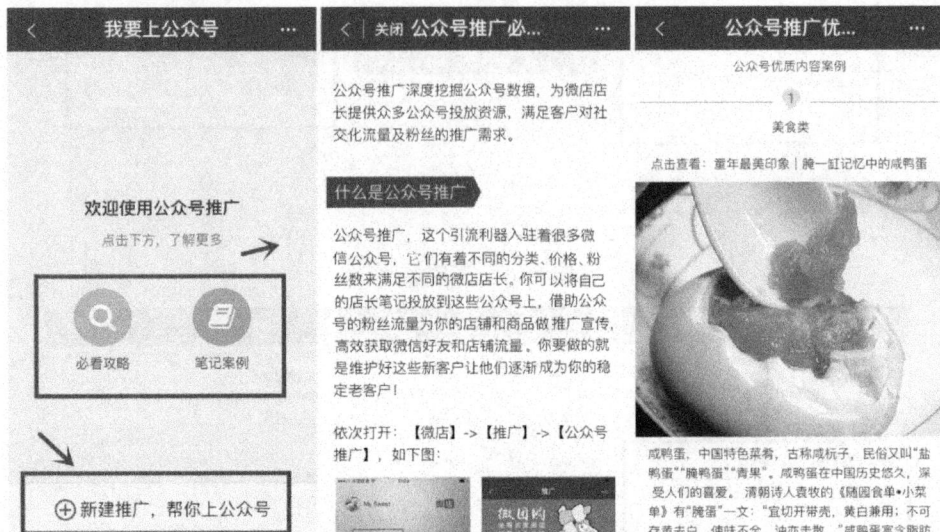

图6-30　我要上公众号

2）点击"新建"后进入选择微信公众号界面，可以根据公众号分类、粉丝数和价格进行筛选，点击其中一个，出现该公众号的详细信息。点击"粉丝数"会出现昨日文章数据和近7日文章数据，在数据的下方，店主可以选择需要推广的位置，如第一条或者第二条、第三条，不同位置价格也不同，设置投放时间后点击"下一步"，如图6-31所示。

图6-31　设置公众号推广信息

3）进入选择推广笔记界面，这里展示的是店主已经撰写好的微店笔记，如果没有你想推广的内容，可以返回微店笔记重新上传一篇。选择一篇笔记后，完成支付就可以了，如图6-32所示。

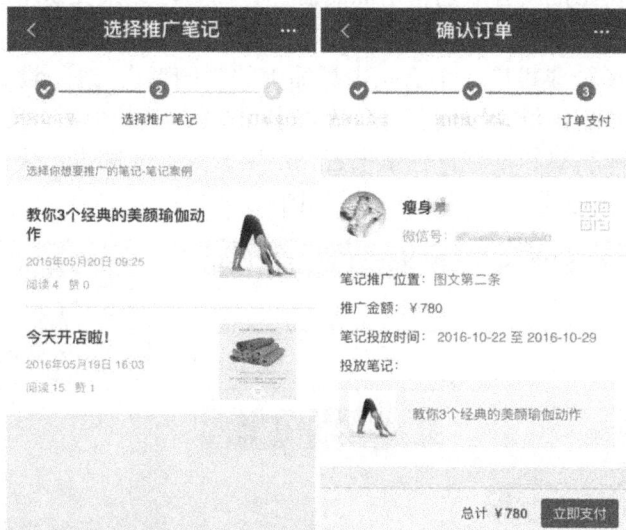

图6-32　选择笔记并支付

4）完成支付后，店主在推广时间一定要去查看该条笔记的推广效果，以及推广时期内店铺的访客流量和订单数据，这有利于后期进行推广时更有针对性地选择推广方式。

模块二　微店推广活动

微店推广活动是微店为帮助卖家更好地进行推广，而提供和开展的各项推广工具和活动，如分成推广、活动报名、展会招商等。卖家可以借助这些工具和活动更好地推广店铺及商品，这些工具和活动中也有收费的，卖家可根据实际经营状况来选择。

在微店推广界面，可以看到"店铺推广"，下面有多种推广方式，如图6-33所示。

图6-33　微店店铺推广

一、分成推广

分成推广就是让推广者来推广你的商品，获取更多订单。推广者包含个人及口袋购物等合作渠道，卖家只需要在推广者成功售出商品后支付佣金，如果交易不成功，则不需要支付任何费用。

如果是第一次开通分成推广，那么点击界面上的"同意"，进入设定佣金比例界面。这个佣金比例就是按照商品售价乘以佣金百分比得出的金额，就是你需要支付给推广者的佣金。卖家可以根据商品实际利率和推广目标来设置，不要设置得太高也不要设置得太低，系统给出 1%～50% 的区间，一般设置为 10% 左右，如图 6-34 所示。

图 6-34　分成推广佣金比例

设置完成后，可以在分成推广界面中查看报表、修改佣金比例和取消分成推广，如图 6-35 所示。

图 6-35　分成推广报表及修改或取消操作

二、分享赚钱

你在推广自己商品的同时，也可以推广他人的商品，成为一个推广者，成功售出商品后同样可以获得卖家的佣金。点击"分享赚钱"进入商品页面，每个商品都显示了售价和佣金，点击其中一个便可以进行分享转发，点击下方的"佣金统计"，可以查看你目前赚得的推广佣金，如图 6-36 所示。

图 6-36　分享赚钱

三、活动报名

这里集合了微店正在进行或即将进行的官方活动，微店店主可以选择合适的活动进行参与。经常参与微店官方活动有助于借助平台推广宣传自己的店铺和商品。

点击"活动报名"进入微店活动列表，里面有多种活动，如童装类目、食品类目等，如图 6-37 所示，卖家可以根据经营项目及活动要求选择合适的活动。

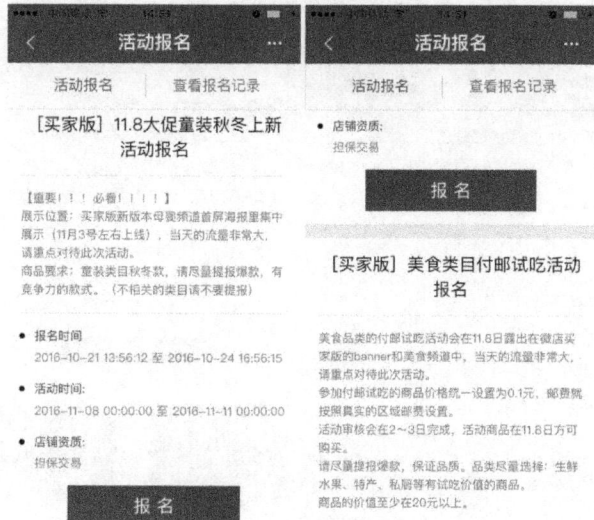

图 6-37　活动列表

例如，选择其中一个活动并点击"报名"，进入活动详情页，浏览活动详情后点击下方的"选择商品"，列出店铺在售商品，点击商品下方的"报名"即可，如图 6-38 所示。

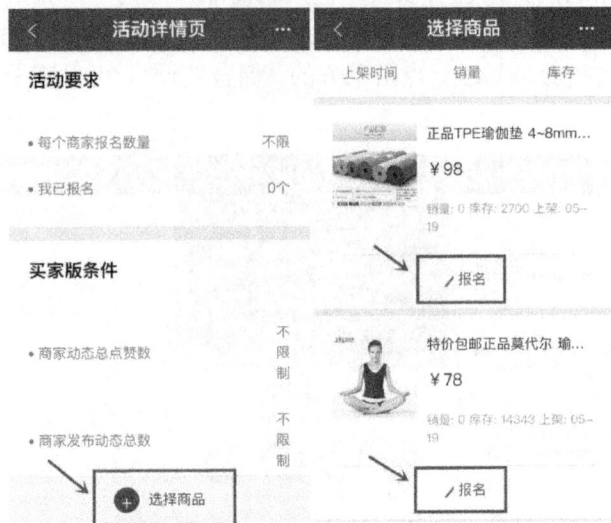

图 6-38　活动报名及商品选择

四、展会招商

微店展会是微店官方针对亲子和白领群体创立的线下活动，通过线上营销、线下体验的方式积累精准人群，为商家提供宣传推广的优质平台，卖家可以有效获取精准流量，发展长期生意的机会。

点击"展会招商"进入微店展会介绍界面，下方有"白领商家报名入口"和"亲子商家报名入口"，如图 6-39 所示。

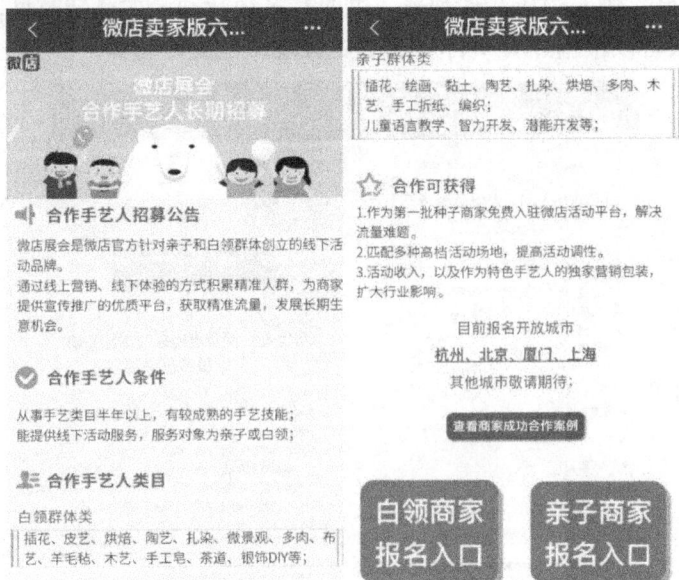

图 6-39　微店展会

例如，点击"白领商家报名入口"，选择所在城市及经营类目等，并留下联系方式，完成后点击"立即报名"，提示"提交成功"，如图 6-40 所示。提交后微店会对商家信息进行审核，通过的商家将在 10 个工作日内收到工作人员的通知，审核不通过的将在 15 个工作日内接到通知（节假日顺延）。

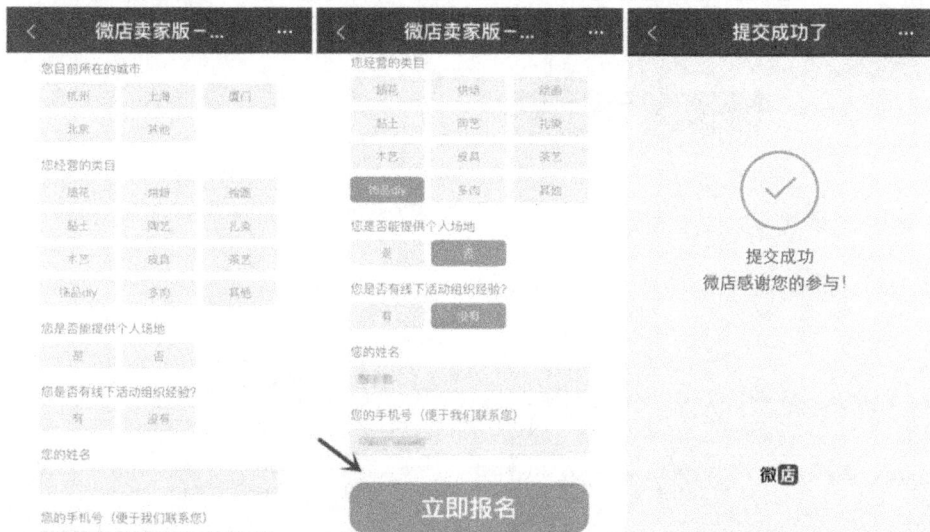

图 6-40　提交报名

五、友情店铺

合理利用微店友情店铺可以增加店铺的人气，增加彼此店铺的流量，这是相互支持的一种手段。比如，消费者在你的店铺上找不到心仪的商品，但可通过你店铺上的友情店铺进入另外的店铺中寻找；同样，其他店铺的消费者也可进入你的店铺，前提是你们互设为友情店铺。

点击"友情店铺"进入友情店铺界面，如果还没有友情店铺，点击下方的"添加"后会出现很多店铺，卖家可以在上方的搜索框中输入关键词查找目标友情店铺，合适的就点击店铺后面"+"图标，发送友情店铺验证，如图 6-41 所示。

图 6-41　搜索并发送友情店铺验证

点击下方的"管理""统计""动态"等，可以对已有的友情店铺进行管理、数据统计，以及查看友情店铺的动态，如图6-42所示。

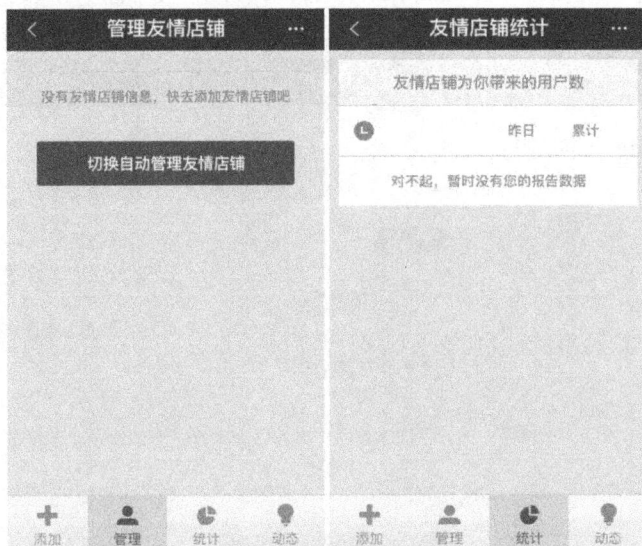

图6-42　友情店铺管理和统计

添加友情店铺时需要注意以下几点。

1）要添加的店铺信用级别越高越好，此外还要看对方的店铺是否具有特色，如商品类型专卖是我们的首选。但是如果对方的信用记录中差评或中评较多，就算是钻石级的也不要添加为友情店铺。友情链接要记得"宁缺毋滥"。

2）应尽可能链接同行店铺。

3）如果对方的链接中已经有同行了，就不要再做这个链接（除非你的店铺比对方的链接同行有明显的竞争优势）。

4）最好是链接与你店铺有相关配套的店铺，如对方店铺销售服装，你出售的是袜子，对方销售计算机，你销售计算机配件，买服装的同时可以顺便买袜子，买计算机的同时可以附带买摄像头等。

其他推广方式

除了微店基础营销活动和推广设置，本单元围绕主流的社交工具如微信、QQ、微博来介绍微店社交推广方式，这些也是目前常用的网络推广方式。卖家可以结合自身的社交圈，把店内的商品介绍给身边的朋友。这类推广方式因大多数是熟人生意，会节省很多沟通环节和建立信任的复杂过程，所以见效较快，订单成交率高。

知识目标

1. 了解并掌握利用微信的朋友圈、扫一扫等功能进行推广商品的方法。
2. 了解并掌握利用 QQ 进行好友、QQ 群和空间等进行推广商品的方法。
3. 了解并掌握利用微博进行消息及博文推广的方法。

技能目标

1. 能够独立完成利用微信的朋友圈、扫一扫等功能进行商品推广操作。
2. 能够通过团队协作完成利用 QQ 进行好友、QQ 群和空间等商品推广操作。
3. 能独立完成利用微博进行消息及博文推广的操作。

素养目标

1. 培养学生的语言表达能力、沟通协作能力。
2. 培养学生实事求是、诚实守信、尊重他人等职业品德。

模块一 微信推广

随着微信的火热，兴起一种新型网络营销推广方式，即微信推广。微信使用起来简单快捷，用户基数大，企业和个人均可使用。用户注册并登录微信后，就可与周围同样有微信号的"朋友"形成一种联系，浏览好友动态即"朋友圈"，商家通过在微信上提供用户需要的信息，能推广自己的商品，买家可以直接在微信上进行支付完成交易，从而实现点对点的营销。

微信已经形成一套线上线下互动营销推广工具，在"发现"栏目里可以更快地了解和拓展人脉，如朋友圈、扫一扫、摇一摇、附近的人等，同时微信还具有钱包功能，可以通过微信红包、AA 收款等方式支付，卖家不用担心微信好友支付的问题，如图 7-1 所示。

图 7-1　微信发现及微信钱包

一、朋友圈推广

2014 年，朋友圈原本简易的"文字加图片"熟人交易模式出现了升级版，买家只需点击链接分享，便可以直接用银行卡或支付宝等进行在线支付。

微店结合微信开发的功能提供一键分享到朋友圈的功能，卖家可以对整店进行推广，也可以对单个商品进行推广，或是将自己的店长笔记分享到朋友圈。

（1）在朋友圈推广店铺　点击微店管理界面下方的"分享"，在弹出的框里点击"朋友圈"，转到微信朋友圈发送界面，在这里输入推广的文字，点击"发送"即可，如图 7-2 所示。

图 7-2　在朋友圈推广店铺

（2）在朋友圈推广单品　在商品管理界面找到需要分享的商品，点击商品下方"分享"—"朋友圈"，转到微信朋友圈，可以适当输入文字，增强可读性，最后点击发送即可，如图 7-3所示。

图 7-3　在朋友圈推广单品

（3）在朋友圈推广店长笔记　用同样的方式，找到自己写的店长笔记，分享到朋友圈，如图 7-4 所示。

图 7-4　在朋友圈推广店长笔记

（4）在朋友圈推广其他内容　除了上面几方面内容可以分享，如果想做一个推广者赚取佣金，也可以在"推广"—"分享赚钱"里分享别人的商品；如果你是一个分销商，那么可以在"货源"—"消息"里找到代理商内容并分享出去，如图 7-5 所示。

图 7-5　分享货源里代理商的消息

微信朋友圈最大的好处是除了自己分享，还可以让朋友转发，卖家在利用自己微信朋友圈人脉的时候，可以积极地调动其他朋友帮你转发，或者设置一些活动，如转发集赞送礼、送红包等，鼓励大家转发，这样一传十、十传百，可以快速扩大传播范围，带动店铺访客流量和商品销售。

二、扫一扫推广

扫一扫推广是指利用微信扫描二维码的功能进行推广。二维码是指在一维条码的基础上扩展出另一维具有可读性的条码，使用黑白矩形图案表示二进制数据（随着技术更新，现在二维码出现多种颜色和图案），被设备扫描后可获得其中所包含的信息。卖家利用扫一扫方式可以快速建立面对面或者线下互动的推广。当然，卖家也可以将自己的二维码放在网上，以加大推广力度。

（1）获取微店二维码　在微店管理界面下方点击"二维码"，弹出店铺二维码对话框，点击下方的"下载"图标，保存图片到手机，如图7-6所示。下载后，卖家可以直接让周围的人面对面扫描自己的二维码，进入店铺。

图7-6　获取店铺二维码

（2）制作二维码海报　微店直接下载的二维码很简单普通，表达的内容很少，没有什么吸引力。卖家在实际推广时，为了吸引更多的用户来扫描或识别二维码，可以制作一些二维码海报，如按照之前讲到微店服务中"排版君"—"二维码海报"的操作方法，设计自己的二维码海报，如图7-7所示。或者在做活动海报、店铺商品内容简介时，将二维码放在其中，这样展现二维码更能吸引买家扫描。

（3）推广二维码　有了二维码海报，接下来就需要大量地曝光，比如线下到各个地方进行二维码宣传，分享到朋友圈、微信群、微信好友、QQ 好友等，让更多的用户看到自己的二维码海报并引导其购买商品，如图7-8所示。

图 7-7　制作二维码海报

图 7-8　推广二维码

三、摇一摇推广

　　开了一段时间微店后，你就会发现，自己的朋友圈不够用了，于是想要寻找并加到更多的人，以拓展推广范围。微信摇一摇就是快速加到人的方法之一，不管对方是不是熟人，在哪里，只要他和你一样，也在使用摇一摇，那么就可以找到他。

（1）完善个性签名　因为通过摇一摇发现的基本上都是陌生人，所以需要将个性签名设置成一句吸引人的广告，这样更有利于进行推广。打开手机微信，点击下方"我"图标，然后点击上方头像区域，在"个性签名"一栏点击一下，便可输入店铺广告，如图7-9所示，这里有30个字的限制，所以广告语要控制在30字之内。

图7-9　修改个性签名为广告语

（2）摇一摇加好友　在微信"发现"中点击"摇一摇"，进入摇一摇界面，这个时候下方会出现"人、歌曲、电视"三个图标，默认选择"人"，我们不要对其进行更改，然后开始摇晃，摇晃的时候会听到"咔嚓"一声，当听到"叮"的时候说明匹配到对方了，此时会出现对方的昵称和距离显示，并且可能出现其他人给你发送的消息，如图7-10所示。

图7-10　摇一摇加好友

点击摇出来的人，这个时候他还不是你的好友，你需要向他"打招呼"，等他回应，如果他通过你的请求，说明添加成功，如图 7-11 所示。成功加到好友后可以先简单聊聊，然后再进行推广，发送你的店铺二维码或链接，引导他购买。

图 7-11　添加对方为好友

除了添加你摇到的人，你也可以接受对方给你发送的请求，这样摇一次可以加到两个好友。

（3）摇一摇设置　点击摇一摇界面右上角的齿轮状图片进入摇一摇设置。在摇一摇设置中，可以设置背景图片或者声音，同时可以查看向你打招呼的人和摇到的历史。如果当时没有添加，在摇一摇设置里可以找到，如图 7-12 所示。

图 7-12　摇一摇设置

四、附近的人推广

"附近的人"是微信 4.5 版本推出的一项功能，目的就是方便用户交友，它将会根据用户的地理位置找到附近同样开启这项功能的人，使用户轻松找到身边正在使用微信的其他用户，微店卖家可以利用该功能进行推广。

（1）查看附近的人　打开微信点击"发现"—"附近的人"，进入"附近的人"列表，这里由近至远显示附近的微信用户，如图 7-13 所示。

图 7-13　查看附近的人

（2）添加附近的人为好友　点击"附近的人"，可以查看对方的基本信息界面，在该界面可点击"打招呼"发送好友请求。同时，当你进入"附近的人"时，就表示你已经开通该功能，别人也可以查看到你并给你打招呼，如图 7-14 所示。

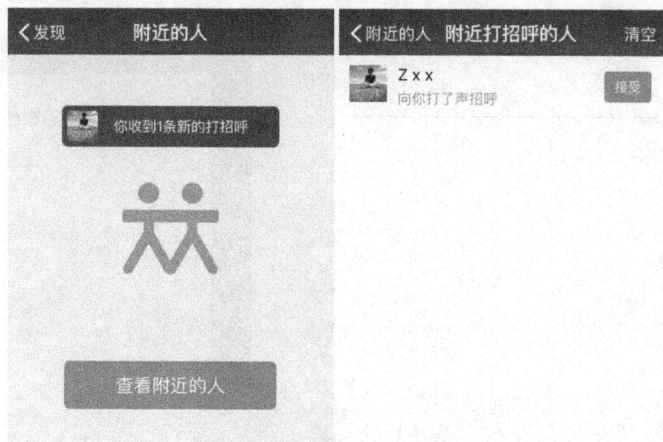

图 7-14　附近的人向你打招呼

添加附近的人为好友后，有两种宣传方式可以选取：第一，先积累用户，做长久打算；第二，立刻发广告，利用微信的群发助手，可以一次性群发多个广告。此功能是一个非常不错的营销工具，尤其是针对于O2O模式的微店而言。

五、漂流瓶推广

此方法只需通过扔瓶子、捡瓶子，就能方便快捷地和陌生人打招呼，结交志趣相投的新朋友，并将商品推荐给他们。

（1）打开微信的漂流瓶　点击"发现"—"漂流瓶"进入漂流瓶界面，如图7-15所示。漂流瓶界面下方有三个图标："扔一个"，即你要扔出去漂流瓶；"捡一个"，即你去捡别人扔的漂流瓶；"我的瓶子"，即发送瓶子后收到的消息或你捡到别人的瓶子回复消息，瓶子往来历史都在这里。

（2）扔一个漂流瓶　扔出漂流瓶时，有两种方式可供选择：第一种是文字漂流瓶，在文本框输入推广语，点击下方"扔出去"按钮，如图7-16所示；第二种是语音漂流瓶，长按下方按钮，把推广语说出来，装进漂流瓶即可。

图7-15　漂流瓶界面

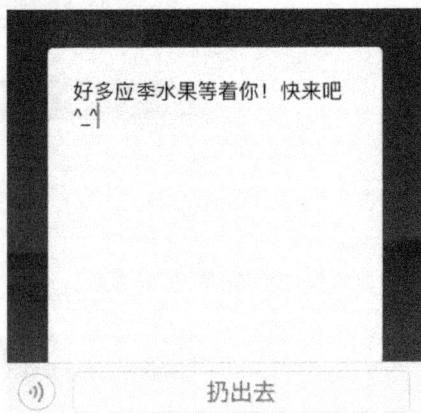

图7-16　扔漂流瓶

（3）捡一个漂流瓶　即将别人的漂流瓶捡起来，"漂流瓶"相较"摇一摇"和"附近的人"有一个优势，就是可以不用添加对方为好友就可以聊天，微店卖家可以直接发送推广信息给对方，所以当你捡起漂流瓶后可以直接发送店铺二维码或店铺链接给对方。

（4）我的瓶子　一个瓶子发出去可以快速获得大量用户回信，如图 7-17 所示，因为微信漂流瓶可以一个瓶子被多个人捡起来，在这里，卖家就可以一一发送店铺广告信息了。

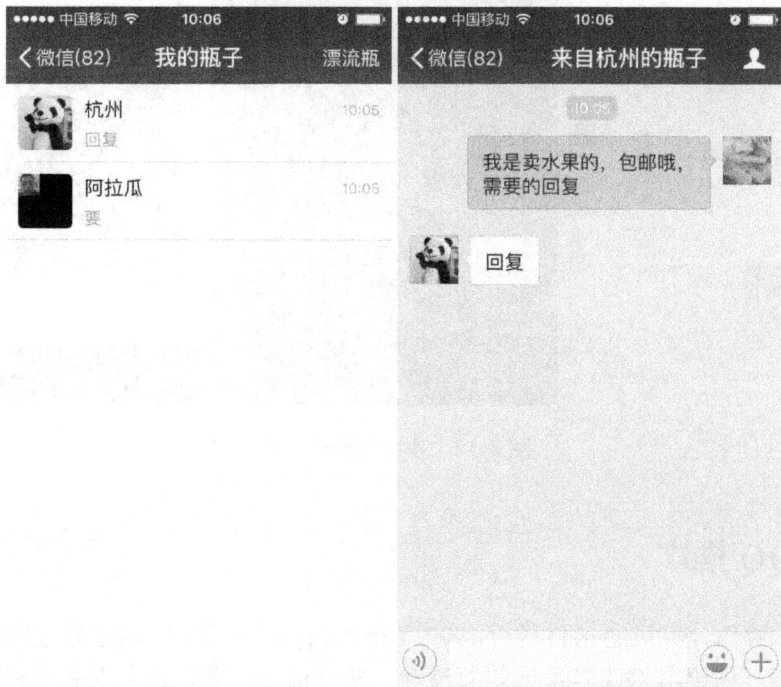

图 7-17　我的瓶子

六、微信群推广

微信群推广的效果非常明显，是目前常用的推广方式之一。在微信群里发店铺推广信息会提高店铺曝光率，对店铺流量提升有很大帮助，不过这需要卖家组建或加入多个微信群，才有推广的窗口。

（1）组建或加入微信群　卖家可以通过拉自己的微信好友到群里、被好友邀请进去、面对面建群、扫描群二维码等方式组建或加入微信群，如图 7-18 所示。进群的方式有很多，这里就不一一介绍了。

（2）用微信群推广店铺　如果是自己建的群，发布店铺广告信息没有那么多限制，但是如果是在别人的群里，发布广告信息时需要掌握一定的技巧。很多微信群管理严格，不允许随意发布广告，这个时候卖家可以先和群主打个招呼，说明广告意图，看他/她的态度，一般情况下群主不会特别严格，当然你在群里发送广告后发一个群红包，群主便更不会介意了。

当然，除了在群里发信息，你还可以通过这些群加群里的用户为好友，把他们转化为好友后，再一一发送广告进行店铺推广。

除了上述几种微信推广的方式，还可通过开通个人微信公众号等方式进行推广。

图 7-18　各种进群的方式

模块二　QQ 推广

QQ 是深圳腾讯计算机通讯公司于 1999 年推出的一款免费的、基于互联网的即时通信软件（IM）。我们可以使用 QQ 和好友进行交流，实现信息、图片或个人照片和文件的即时发送与接收，进行语音视频、面对面聊天等，功能非常全面。此外 QQ 还具有与手机聊天、聊天室、点对点断点续传文件、共享文件、QQ 邮箱、网游、网络收藏夹、发送贺卡等功能。功能如此强大的 QQ 是进行微店推广的强有力工具。这里主要介绍 QQ 群、QQ 好友、QQ 空间的推广方法。

一、QQ 群推广

一般 QQ 群推广分为两种，一种是建群推广（自己是群主），另一种是进群推广（成为群成员），两种方式各有优势。这里我们以进群推广为例介绍 QQ 群推广的方法。

（1）查找并加入群　我们进 QQ 群的目的很明确，就是要推广我们店内的商品，引导人们来购买，那么我们可以加入一些购物类相关的群，或者根据商品类型查找相关的群。比如我们的水果消费群体比较广，目标人群范围比较大，同时正在搞活动，那可以查找一些与购物、特价、打折、秒杀等相关的群。

打开 QQ（这里使用的是手机版 QQ），点击下方的"联系人"进入 QQ 联系人界面，点击右上角"添加"进入找人、找群、找公众号的添加界面，点击"找群"，输入查找关键词，找到相关群，发送添加请求即可，如图 7-19 所示。为了增加 QQ 群通过的概率，你可以多发送一些添加群请求。

图 7-19　查找群并发送添加请求

（2）进行推广　加入群之后，你就可以开始推广了，像"购物"这类的群广告意图很明显，就是分享购物信息的，所以你可以直接在群里发送商品的优惠信息，或者店铺二维码，但是一定要多配些如限时优惠的活动信息，这样能更有效地吸引客户。

在微店中找到想要分享的商品（最好是促销中的），点击"分享"，在弹出框中选择"QQ"图标，点击后跳转到 QQ 界面，找到刚才加入的群，一一进行消息分享，如图 7-20 所示。

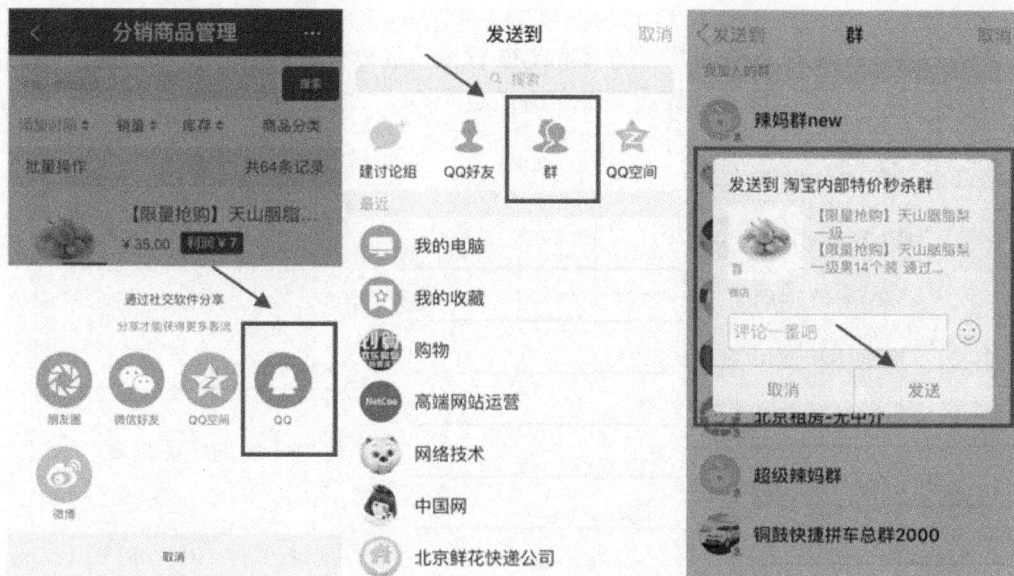

图 7-20　查找群并发送添加请求

如果希望快速获得回应，你也可以将信息（图片、店铺链接、商品链接等）复制下来，然后一一发送给 QQ 群里的用户，此时无须添加对方为好友。

二、QQ 好友推广

QQ 的用户基数庞大，用户类型具有不确定性，因此微店卖家推广时应根据目标人群去寻找潜在客户，尤其是比较专业类的商品。

（1）加好友　QQ 好友推广也需要拥有的好友数量越多越好，那么你可以通过添加好友的方式拓展好友数量。QQ 添加好友给出了许多种方式，如图 7-21 所示。

图 7-21　添加 QQ 好友的方法

除了这些添加好友的方式外，还可以把自己 QQ 群里的好友加一遍，这是快速拓展好友的方法之一。

（2）好友推广　QQ 好友推广的方式和 QQ 群推广的操作方法基本相同，就是在微店中分享时点击"QQ"，跳转到 QQ 界面后发送给指定的 QQ 好友即可，如图 7-22 所示。

图 7-22　发送给 QQ 好友

三、QQ 空间推广

QQ 空间（Qzone）是腾讯公司 2005 年开发出来的一个个性空间，具有博客的功能。在 QQ 空间上可以书写日志、说说，上传图片，听音乐，写心情，通过多种方式展现自己。除此之外，用户进行个性化的设置，更能通过编写各种代码来打造个人主页。基于 QQ 庞大的用户群体和 QQ 空间的丰富功能，微店卖家可以很好地利用 QQ 空间进行店铺推广。

在微店分享弹出框中，有显示"QQ 空间"的图标，如图 7-23 所示。

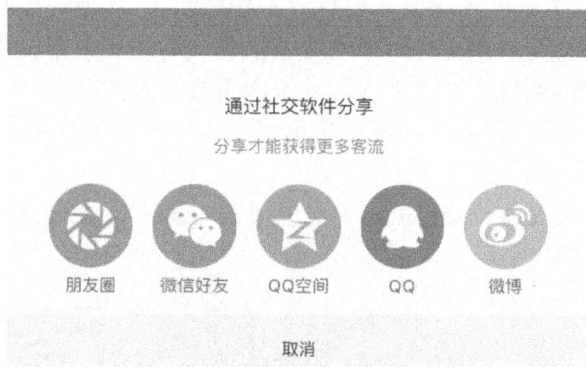

图 7-23   微店分享选择 QQ 空间

点击后跳转到 QQ 空间，可以输入广告语或活动信息，以吸引别人看到你的空间动态后点击店铺链接，最后点击"发送"即可，如图 7-24 所示，QQ 好友可以直接点击该链接浏览你的店铺商品，并且可以直接购买。

图 7-24   分享到 QQ 空间进行推广

如果不想分享链接，你也可以将店铺二维码发送到 QQ 空间，这样好友看到后扫描二维码同样可以进入你的店铺并购买商品，或者直接分享商品图片和优惠信息，引导购买。

模块三　微博推广

微博，即微型博客的简称，是"一句话博客"，以 140 字（包括标点符号）的文字更新信息（2015 年微博取消了 140 字限制，可以发布长微博了），是一种通过关注机制分享简短实时信息的广播式的社交网络平台。微博相对微信和 QQ，具有更加开放的特点，传播速度更快，也是目前主流的网络推广方式之一，对于微店推广非常有利。

进行微博推广同样需要我们的手机安装微博 APP，否则无法通过微店分享至微博，如图 7-25 所示。

这时我们可以在 App Store 或手机应用宝里搜索"微博"，找到新浪微博或其他微博，点击下载并安装，如图 7-26 所示。

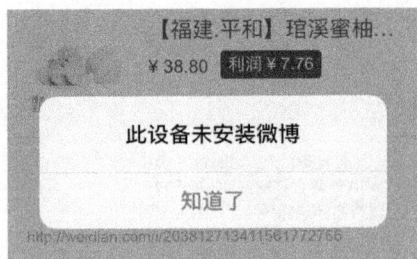

图 7-25　提示未安装微博，无法分享　　　　图 7-26　安装微博

安装成功后出现微博图标，如图 7-27 所示。

安装后登录微博，如果没有微博账号，可以先注册一个微博账号，或者使用 QQ 等方式快捷登录。新用户注册后需要完善如昵称、标签等信息，在完善信息时尽量和自己店铺的产品相通，比如你是销售水果的，那么就可以围绕水果起一个昵称，比如水果世界、水果大全、水果连连看等，有趣又好记的昵称是微博推广的第一步。

微博推广有很多种方法，这里主要介绍两种：一种是发布博文推广，另一种类似微信、QQ 推广，即给微博用户发送消息进行推广。

图 7-27　微博图标

一、博文推广

博文分为长博文和短博文，这里主要介绍短博文的推广方式。短博文最好控制在 140 字内，可以附加图片、链接等信息。由于微博更新速度非常快，所以发布博文推广需要持续更新，但是两条博文发送的间隔时间也不要过近，建议每隔 1～2 小时发送一条。

微店自带短博文推广快捷方式，在微店商品中找到推广的商品，点击"分享"—"微博"跳转到微博界面，可以再编辑一下内容、图片，编辑后点击右上角"发送"即可，这样一条关于商品消息的博文就发送成功了，如图 7-28 所示。

图 7-28　微博博文推广

刚开始做微博博文推广时，因为粉丝人数少，推广效果会受到限制，这时可以在博文中加入微博热点话题，这样可以增加博文的曝光率。打开手机微博，点击下方的"发现"可查看热点，如图 7-29 所示。

这里有时下热门的话题，"#"代表话题，"#……#"中间就是话题内容。热点话题的关注度较高，因此我们可以插入热点话题，比如将"#万圣节来了#"复制到自己博文中，并将一些相关的文字插入到话题中，如图 7-30 所示。

图 7-29　微博话题

图 7-30　发布博文时插入热点话题

　　如果没有合适的话题，可以查找话题，在"发现"界面上方输入需要查找的内容即可找到相关的话题，但应尽量选择用户关注度高的话题。

二、消息推广

消息推广是单独发送给某一微博用户的信息，可以通过"@"、评论或私信的方式实现，消息会单独展现在微博消息栏目下，如图7-31所示。

图7-31　微博消息

（1）用"@用户"方式推广　当写完博文后，点击博文下方的"@"符号，选择微博用户，会显示为"@+用户昵称"，如图7-32所示。

图7-32　发微博时@好友

发送后，该用户的微博"消息"中会显示新消息条数，点击后在"@我的"一栏也会显示消息数量，点击该信息就可以查看到这条微博了，如图 7-33 所示。

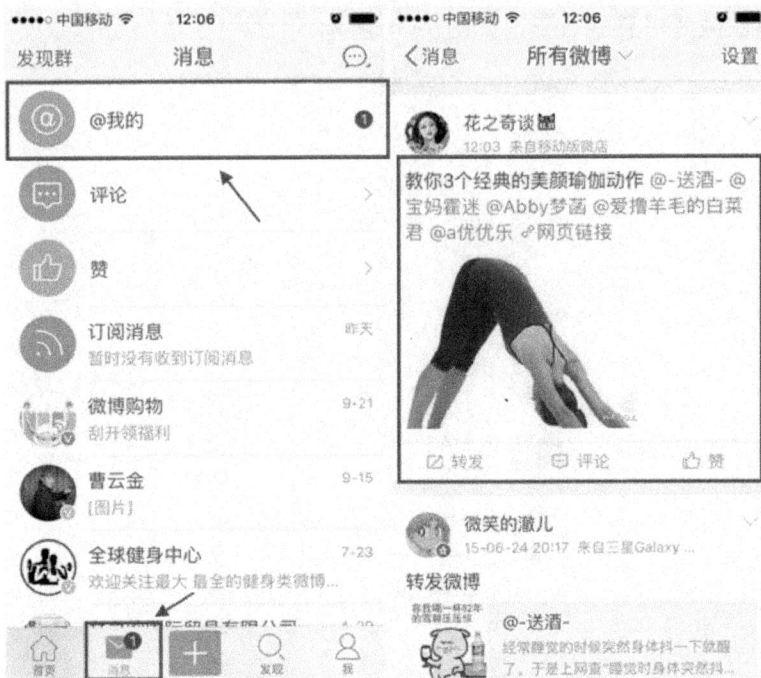

图 7-33　好友查看被@的微博

使用"@"方式可以很好地达到消息推广的效果，被@的用户浏览度更高，而且更有针对性，互动性强，所以在微博推广时应该适时使用"@"功能。

（2）用"评论"方式推广　微博相对公开，只要对方开通评论功能，那么你就可以在他的博文下面进行评论，如图 7-34 所示。

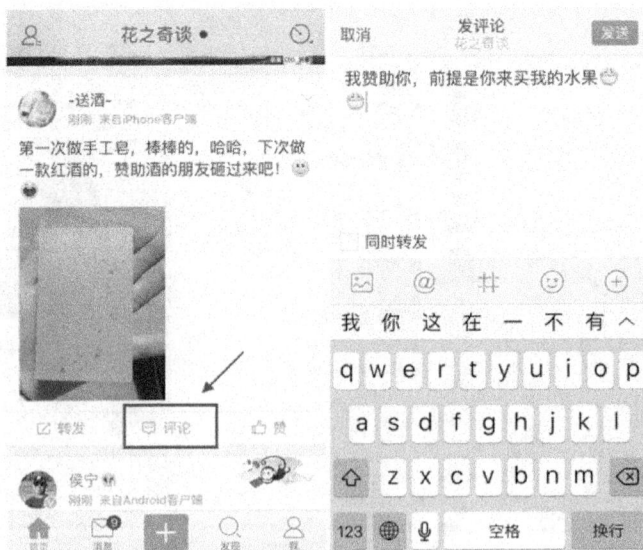

图 7-34　在对方微博下评论

评论后对方消息栏中也会出现新消息提醒，如图 7-35 所示。

图 7-35　好友查看被评论了的微博

使用评论的方式进行推广既可以提升对方微博的活跃度，同时又能产生良好的互动，因此很多微博用户希望自己发出的博文被评论、被点赞，这也是微店卖家利用微博消息进行推广的方法之一。

（3）私信推广　前面讲到的"@用户"和评论方式都是公开的，不仅对方可以看到，其他人也能看到，没有保密性，如果只想让对方看到，可以在微博里发送私信。

找到你要发送私信的用户，点击其头像，进入其个人界面，下方有互动状态、聊天、她的热门，点击"聊天"进入私信界面便可发送私信，如图 7-36 所示。

图 7-36　发送微博私信

私信发送后在对方消息栏中会出现新消息提醒，私信消息直接显示在列表中，点击打开后可以回私信，类似于即时聊天，如图 7-37 所示。

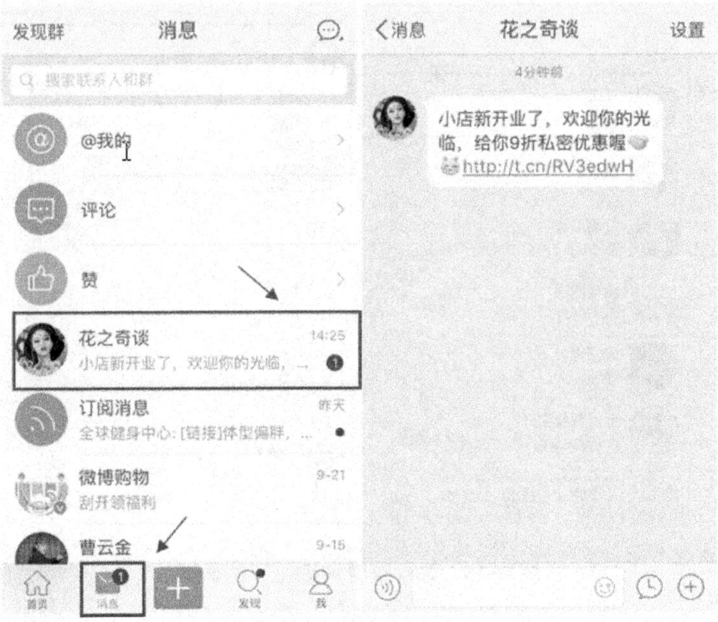

图 7-37　收到微博私信